सुदीप्[illegible]

सुदीप्ति का जन्म 1980 में [illegible] (तरवारा) गाँव में हुआ। [illegible] जिले में महाराजगंज से करने के बाद [illegible] की पढ़ाई के लिए पटना चली गईं। वहाँ पटना वीमेंस कॉलेज से अर्थशास्त्र में स्नातक की पढ़ाई के बाद जवाहरलाल नेहरू विश्वविद्यालय (नई दिल्ली) से हिन्दी साहित्य में एम.ए. और एम.फिल. की पढ़ाई पूरी की। विभिन्न पत्र-पत्रिकाओं में लिखते हुए वहीं इन्होंने महेश नारायण की कविता 'स्वप्न' का शोधपरक अध्ययन किया। इतिहास, पुराकथाओं और भारतीय स्त्री-जीवन पर अतिवादों से बचते हुए एक अलग जमीन पर सोचने-विचारने और लिखनेवाली सुदीप्ति हिंदी भाषा साहित्य के शिक्षण से जुड़ी हैं। अजमेर के मेयो कॉलेज गर्ल्स स्कूल में दस वर्षों तक अध्यापन करने के पश्चात वर्तमान में दिल्ली के प्रतिष्ठित संस्थान सरदार पटेल विद्यालय में पढ़ा रही हैं।

हिंदी की पहली आधुनिक कविता

पाठ एवं मूल्यांकन

सुदीप्ति

राजकमल पेपरबैक्स

राजकमल पेपरबैक्स में
पहला संस्करण : 2021

राजकमल पेपरबैक्स : उत्कृष्ट साहित्य के जनसुलभ संस्करण

राजकमल प्रकाशन प्रा.लि.
1-बी, नेताजी सुभाष मार्ग, दरियागंज
नई दिल्ली-110 002
द्वारा प्रकाशित

शाखाएँ : अशोक राजपथ, साइंस कॉलेज के सामने, पटना-800 006
पहली मंजिल, दरबारी बिल्डिंग, महात्मा गांधी मार्ग, प्रयागराज-211 001
36 ए, शेक्सपियर सरणी, कोलकाता-700 017

वेबसाइट : www.rajkamalprakashan.com
ई-मेल : info@rajkamalprakashan.com

यश प्रिंटोग्राफिक्स
ग्रेटर नोएडा-201 310 (उत्तर प्रदेश)
द्वारा मुद्रित

मूल्य : ₹ 199

HINDI KI PAHALI ADHUNIK KAVITA
Literary Criticism by Sudipti

ISBN : 978-93-90971-63-3

ईया-बाबा को
जिन्होंने जीवन में आधुनिकता का पहला पाठ पढ़ाया
जो कहीं किसी जगह से मुझे देख मुस्करा रहे होंगे

क्रम

आरंभ से पहले

हिंदी साहित्य के इतिहासकारों ने आधुनिक काल पर बात करते हुए पहली कहानी, पहला उपन्यास जैसे प्रश्नों पर विचार किया है। इतिहास नहीं लिखने वाले कुछ विद्वानों ने भी अलग से इस प्रश्न पर विचार किया है। लेकिन कविता को भाषा, भाव और छंदों की रूढ़ियों से मुक्त कराने वाला पहला समर्थ कवि किसे माना जाए, पहला आधुनिक कवि कौन है, पहली आधुनिक कविता कौन-सी है– ये प्रश्न अनुत्तरित ही नहीं, लगभग अविचारित भी रह गए हैं।

हिंदी साहित्य की राह बदलकर उसे आधुनिकता की ओर ले जाने वाले भारतेंदु हरिश्चंद्र हुए, पर हिंदी कविता में किसी 'नवीन विधान या प्रणाली' का सूत्रपात उन्होंने नहीं किया। हिंदी साहित्य के इतिहास में भारतेंदु हरिश्चंद्र के महत्त्व को प्रश्नांकित किए बिना यह कहा जा सकता है कि हिंदी की पहली आधुनिक कविता उनकी लेखनी के रास्ते नहीं आई। इसके बाद इस प्रश्न से बचना मुश्किल है कि हम हिंदी की पहली आधुनिक कविता किसे मानें! मेरी यह किताब, इसी प्रश्न के उत्तर की तलाश का परिणाम है। इस शोधपरक अध्ययन में प्रो. मैनेजर पाण्डेय की भूमिका महत्त्वपूर्ण है। विषय की तरफ ध्यान आकर्षित करने से लेकर अध्ययन-सामग्री की खोज में भी, जहाँ तक सम्भव हुआ, उन्होंने मेरी मदद की। मुझे शोधकार्य के प्रति उत्साहित करने और मेरी आलोचकीय क्षमता में भरोसा रखने का कार्य वे अब भी करते हैं। इस किताब को देख उन्हें प्रसन्नता होगी। डॉ. रामनिरंजन परिमलेंदु और डॉ. देवेन्द्र चौबे से भी मुझे आवश्यक अध्ययन-सामग्री जुटाने में सहयोग मिला। मैं इन सबके प्रति आभारी हूँ।

शोध-सामग्री इकट्ठा करते समय सिन्हा लाइब्रेरी, पटना; नेशनल लाइब्रेरी, कोलकाता; नेहरू स्मारक संग्रहालय एवं पुस्तकालय, तीनमूर्ति भवन, नई दिल्ली; जवाहरलाल नेहरू पुस्तकालय लाइब्रेरी, नई दिल्ली; दिल्ली विश्वविद्यालय (उत्तरी एवं दक्षिणी परिसर) पुस्तकालय, नई दिल्ली; साहित्य अकादेमी पुस्तकालय, नई दिल्ली के कर्मचारियों का भी जो सहयोग मिला, वह भुलाने लायक़ नहीं है।

शोधकार्य को पुस्तक के रूप में विकसित करने का निर्णायक हौसला अरुण प्रकाश जी से मिला। तब वे 'समकालीन भारतीय साहित्य' के सम्पादक थे और

शोध-सामग्री की खोजबीन में उनकी भी मदद की जरूरत पड़ी थी। इस वजह से मेरे काम के बारे में वे बखूबी जान रहे थे। उन्होंने ही 'स्वप्न' पर मेरा एक स्वतंत्र लेख अपनी पत्रिका में विशेष रूप से प्रकाशित किया, जिसकी सबने बहुत सराहना की और मेरे ऊपर अपने इस काम को किताब के रूप में विकसित करने का चौतरफा दबाव बनने लगा।

पिता की अपेक्षाओं पर खरा न उतर पाना किसी बेटे को क्या खलेगा जो मुझे खलता है! उनका इच्छित तो पूरा नहीं कर पाई, इससे शायद उनको कुछ खुशी हो...आत्मीय जन-परिजन जीवन के संबल होते हैं। किताब क्या, हर मोड़ पर उनका साथ रहता है। अगर उनके संतोष और गौरव के लायक कुछ रच सकूँ तो मेरी खुशकिस्मती होगी। दोस्तों ने मुझ पर खूब स्नेह लुटाया है, मुझसे उम्मीदें भी रखी हैं और एक अच्छी प्रतिस्पर्धा भी बनाई। उन सबको स्नेह, क्योंकि उसका प्रतिदान आभार हो ही नहीं सकता।

लगभग नौ साल पहले किसी अन्य प्रकाशन से प्रकाशित होने जा रही किताब अब राजकमल प्रकाशन से छप रही है। जिन्होंने इस किताब में पहले दिलचस्पी दिखाई, उन्हें भी धन्यवाद! अभी के इस सुखद संयोग के लिए श्री अशोक महेश्वरी को धन्यवाद, जिन्होंने मेरे निरुत्साह-भाव और सत्य के संकोच को दरकिनार कर इसे प्रकाशित कराने का दबाव बनाया। धर्मेन्द्र सुशांत और उपेन्द्र झा ने मेरे लिखे को सुपाठ्य बनाया, इसके लिए उन्हें भी बहुत-बहुत धन्यवाद!

अभी मेरे इस शोध में और विस्तार की सम्भावना है। इससे जुड़े कई और प्रश्न अभी शेष हैं। उम्मीद है, हिंदी साहित्य के इतिहास में दिलचस्पी रखने वाले अध्येता आनेवाले समय में सब बातों पर विचार करेंगे। मेरी किताब अब आपकी है। इसके बारे में आपके जो भी विचार हों, उनको जानने की उत्सुकता रहेगी...

—सुदीप्ति

जनवरी, 2021
नई दिल्ली

हिंदी की
पहली आधुनिक कविता

पाठ एवं मूल्यांकन

नए ठाठ से नई राह पर कदम धर दिया है
खाहमख्वाह टहलना हमने बंद कर दिया है।

—भवानीप्रसाद मिश्र

पहला अध्याय

19वीं सदी में खड़ी बोली हिंदी कविता

खड़ी बोली कविता की पृष्ठभूमि और हिंदी साहित्य के इतिहास में उसका स्थान

हिंदी साहित्य के इतिहास-ग्रंथों में हिंदी कविता को लेकर स्थिति बहुत स्पष्ट नहीं है। आचार्य रामचंद्र शुक्ल से लेकर डॉ. बच्चन सिंह तक के इतिहास-लेखन में एक धुँधलापन छाया हुआ है। इतिहासकार एक तरफ तो हिंदी गद्य के चहुँमुखी विकास के बाद खड़ी बोली हिंदी में पद्य की भूरि-भूरि प्रशंसा करते हैं, लेकिन दूसरी तरफ खड़ी बोली हिंदी पद्य के आरंभिक आंदोलन के प्रति तिर्यक भंगिमा धारण कर लेते हैं। तथ्य यह है कि खड़ी बोली पद्य के लिए पहले से किए जा रहे प्रयत्नों को भी द्विवेदी युग में ही प्रशंसा मिल सकी। महावीर प्रसाद द्विवेदी द्वारा 'सरस्वती' में किए जा रहे आग्रहों के बाद हिंदी जगत में खड़ी बोली काव्यभाषा के रूप में पूरी तरह मान्य हुई। साहित्य के इतिहास में भी इसी के बाद खड़ी बोली काव्य को स्थान मिलता है। बाद के कुछ इतिहासकारों ने जरूर दक्खिनी काव्य-धारा और उर्दू शैलियों पर भी टीका-टिप्पणी की है। शिवदान सिह चौहान ठीक लिखते हैं कि ''हिंदी साहित्य के इतिहासकार 'हिंदी' शब्द का प्रयोग दो अर्थों में करते हैं।''[1] एक अर्थ में मध्यकाल तक का इतिहास लिखने में और दूसरे अर्थ में आधुनिक काल में। मध्यकाल तक का इतिहास लिखते समय राजस्थानी, मैथिली, अवधी, ब्रजभाषा आदि को 'हिंदी' कहा जाता है और आधुनिक काल का इतिहास लिखते समय खड़ी बोली हिंदी को।

एक तरफ तो इतिहासकार काव्यभाषा के रूप में खड़ी बोली का उद्भव अमीर खुसरो अर्थात् आदिकाल से ही मान लेते हैं, वहीं दूसरी ओर, पूरे मध्यकाल में ब्रजभाषा-काव्य के ऐश्वर्य से हिंदी को भरना चाहते हैं। आचार्य शुक्ल भारतेंदु की काव्यभाषा से बहुत प्रसन्न नहीं दिखाई पड़ते, हालाँकि वे उसकी मुखर

1. शिवदान सिंह चौहान, हिंदी साहित्य के अस्सी वर्ष, पृ. 5

आलोचना भी नहीं करते। उनका मानना है कि "जब पंडितों की काव्यभाषा स्थिर होकर उत्तरोत्तर आगे बढ़ती हुई लोकभाषा से दूर पड़ जाती है और जनता के हृदय पर प्रभाव डालने की उसकी शक्ति क्षीण होने लगती है तब शिष्ट समुदाय लोकभाषा का सहारा लेकर अपनी काव्यभाषा में नया जीवन डालता है।"[1] इसके लिए वे श्रीधर पाठक की प्रशंसा करते हैं। निःसंकोच कहा जा सकता है कि उस समय ब्रजभाषा पंडितों की भाषा बन चुकी थी और खड़ी बोली लोकभाषा थी। इसी आधार पर आचार्य शुक्ल मानते हैं कि "भारतेंदु जी ने हिंदी काव्य को केवल नए-नए विषयों की ओर ही उन्मुख किया, उसके भीतर किसी नवीन विधान या प्रणाली का सूत्रपात नहीं किया।"[2] लेकिन मूल समस्या फिर भी वही बनी रही। भारतेंदु एवं भारतेंदु मंडल के वर्चस्व के बाहर जिन लोगों ने 19वीं सदी के उत्तरार्द्ध में खड़ी बोली पद्य के लिए अपना सर्वस्व लगा दिया, उन्हें साहित्य के इतिहास में उपेक्षा, व्यंग्य और उपहास का केंद्र बनाया गया। यह वर्चस्ववादी इतिहास-लेखन का सबसे बड़ा उदाहरण है कि जिस चीज की बाद में बहुत प्रशंसा की जाए, उसी के आरंभिक उन्नायकों को उपहास का पात्र बनाया जाए।

आज भी खड़ी बोली हिंदी के इतिहास की व्यापकता दिखाने के लिए उसे आदिकाल की 'फुटकल रचनाओं' में ढूँढ़ा जाता है, लेकिन समृद्धि उसे मध्यकाल के ब्रजभाषा साहित्य से ही मिलती है। हिंदी प्रदेश जैसे बहुभाषी क्षेत्र में ऐसी स्थिति अचरजकारी नहीं है। यहाँ विभिन्न क्षेत्रों में अनेक बोलियाँ बोली जाती हैं और समयानुसार साहित्य पर किसी एक बोली का आधिपत्य रहा है। लेकिन उस समय में भी ऐसा नहीं रहा कि अन्य बोलियों में साहित्य-रचना नहीं हुई हो। ब्रजभाषा-काल में भी अवधी, भोजपुरी, राजस्थानी, खड़ी बोली आदि में साहित्य-रचना होती ही रही, भले ही वह मुख्यधारा में शामिल नहीं की गई। वास्तव में, भाषा-तत्त्व के जो जानकार खड़ी बोली को ब्रजभाषा से विकसित मानते व मनवाते थे, उन्हीं के द्वारा यह समस्या गढ़ी गई है। आरंभ से ही खड़ी बोली की उत्पत्ति के संबंध में दो विरोधी मान्यताएँ रहीं-- (i) खड़ी बोली की उत्पत्ति उर्दू से हुई है, और (ii) इसका जन्म ब्रजभाषा से हुआ है। इस लंबी-चौड़ी बहस में न जाकर हम डॉ. शितिकंठ मिश्र के शब्दों में कह सकते हैं- "खड़ी बोली न तो ब्रजभाषा से और न उर्दू से विकसित हुई बल्कि कुरुदेशीय अपभ्रंश से विकसित एक सहज बोली थी जिसका बोलचाल के रूप में बहुत प्राचीन काल से व्यापक प्रचार था।"[3] आज यह बात सामान्यतः सबने स्वीकार कर

1. आचार्य रामचंद्र शुक्ल, हिंदी साहित्य का इतिहास, पृ. 326
2. वही, पृ. 320
3. डॉ. शितिकंठ मिश्र, खड़ी बोली का आंदोलन, पृ. 30

ली है। इसलिए ब्रजभाषा के विपुल साहित्य को 'एक ही जाति के बीच आविर्भूत होने के कारण' अत्यधिक महत्त्व देते हुए भी खड़ी बोली हिंदी कविता के इतिहास के पुनर्मूल्यांकन की आवश्यकता है।

नाथों का समय 11वीं से 14वीं शताब्दी तक माना जाता है। इनकी भाषा में खड़ी बोली के उदाहरण काफी मिलते हैं। इनकी भाषा के संबंध में आचार्य शुक्ल ने लिखा है– "...नाथ पंथ के जोगियों ने परंपरागत साहित्य की भाषा या काव्यभाषा से, जिसका ढाँचा नागर अपभ्रंश या ब्रजभाषा का था, अलग एक सधुक्कड़ी भाषा का सहारा लिया जिसका ढाँचा कुछ खड़ी बोली लिये राजस्थानी था।"[1] नाथों के बाद और अधिक प्रभावशाली रूप में खड़ी बोली कविता अमीर खुसरो के यहाँ देखने को मिलती है। अपने को 'हिंदुस्तान की तूती' बताने वाले इस शायर की पहेलियाँ, दोहे, मुकरियाँ और गीत खड़ी बोली में मिलते हैं। उदाहरण के तौर पर यह पहेली देखी जा सकती है :

एक थाल मोती से भरा। सबके सिर पर औंधा धरा।
चारों ओर वह थाली फिरे। मोती उससे एक न गिरै।

अथवा यह दोहा :

गोरी सोवै सेज पर, मुख पर डारे केस।
चल खुसरो घर आपने रैन भई चहुँ देस।।[2]

आचार्य शुक्ल लिखते हैं कि "खुसरो के समय में बोलचाल की स्वाभाविक भाषा घिसकर बहुत कुछ उसी रूप में आ गई थी जिस रूप में खुसरो में मिलती है। कबीर की अपेक्षा खुसरो का ध्यान बोलचाल की भाषा की ओर अधिक था; उसी प्रकार जैसे अंग्रेजों का ध्यान बोलचाल की भाषा की ओर अधिक रहता है। खुसरो का लक्ष्य जनता का मनोरंजन था। पर कबीर धर्मोपदेशक थे, अत: उनकी बानी पोथियों की भाषा का सहारा कुछ-न-कुछ खुसरो की अपेक्षा अधिक लिये हुए है।"[3] प्रकारांतर से आचार्य शुक्ल यहाँ स्वीकार करते हैं कि खुसरो के समय में ही बोलचाल के रूप में खड़ी बोली स्वीकार्य होने लगी थी। हालाँकि पोथियों की भाषा वह नहीं बनी थी। वास्तव में, शासन का केंद्र बदलने के साथ-साथ भाषा की स्थिति भी बदलती रही है। हिंदीभाषी प्रदेश में दिल्ली जब शासन के केंद्र से आगे बढ़कर व्यापार आदि का भी केंद्र बना तब यहाँ के आस-पास के क्षेत्रों में बोली जाने वाली खड़ी बोली राजनीति के गलियारों से लेकर बाजारों तक

1. आचार्य रामचंद्र शुक्ल, हिंदी साहित्य का इतिहास, पृ. 11
2. वही, पृ. 31
3. वही

की भाषा बनी। आगरा और उसके आस-पास के क्षेत्रों का राजनीतिक महत्त्व जब था तब ब्रजभाषा को राजभाषा के समान सम्मान मिलता रहा। हालाँकि शिवदान सिंह चौहान लिखते हैं, "सबसे पहले, साहित्य के सिंहासन पर उत्तर-मध्य भारत की कभी 'इस' तो कभी 'उस' भाषा के आरूढ़ होने की बात लें। जिसका मनुष्य की विविध भाषाओं और साहित्यों के इतिहास से यत्किंचित परिचय भी है, वह जानता है कि यह तर्क कितना अनैतिहासिक और यह सामंती परिकल्पना कितनी हास्योत्पादक है। क्या भाषाओं की तुलना राजवंशों से करना अभिप्रेत है?...कोई भी भाषा साहित्य-रचना के लिए राज्याभिषेक या सिंहासनारूढ़ होने की अपेक्षा नहीं रखती। हमारे इतिहासकार और साहित्य के विद्यार्थी सभी जानते हैं कि ऐसा कभी नहीं हुआ कि हिंदी-समूह की कभी यह तो कभी वह भाषा साहित्य-सृजन का एकमात्र माध्यम रही हो।"[1]

यह ठीक है कि भाषाओं की तुलना राजवंशों से नहीं की जा सकती लेकिन यह एक ऐतिहासिक तथ्य है कि मध्यकाल में साहित्य-सिंहासन पर ब्रजभाषा आरूढ़ रही है। हालाँकि हिंदी-समूह की अन्य बोलियों/भाषाओं में छिटपुट रचनाएँ होती रही हैं; जैसे आज हिंदी के वर्चस्व के बाद भी मैथिली, भोजपुरी, अवधी, ब्रज, राजस्थानी आदि में साहित्य-सृजन हो ही रहा है। लेकिन एक समय ऐसा था कि जिन लोगों की मातृभाषा ब्रजभाषा नहीं थी, वे भी उसे सीख रहे थे और प्रयत्नपूर्वक साहित्य रच रहे थे। इस सच को झुठलाया नहीं जा सकता कि सुदूर पूर्व (बिहार) से लेकर राजस्थान तक ब्रजभाषा ही काव्यभाषा बन चुकी थी। हिंदी के ही उदाहरण से हम कह सकते हैं कि शासन के केंद्र की भाषा होने का लाभ इसे मिला। इसी प्रकार का लाभ ब्रजभाषा को भी मिला। डॉ. शितिकंठ मिश्र खड़ी बोली में काव्य रचने की लंबी परंपरा ढूँढ़ने का प्रयत्न करते हुए भी अंततः जिस निष्कर्ष पर पहुँचते हैं उससे पूर्वोक्त तथ्य की पुष्टि होती है। वे लिखते हैं– "किसी धारावाहिक काव्य-परंपरा के अभाव में यह भी स्पष्ट हो जाता है कि इसे बीसवीं शताब्दी के पूर्व न तो काव्यभाषा का गौरव मिला था और न उन्नीसवीं शताब्दी के पूर्व इसे काव्यभाषा बनाने का कोई आग्रह ही किया गया।"[2] हम कह सकते हैं कि सभी भाषाओं, बोलियों में छिटपुट साहित्य-रचना हर समय होती तो है, लेकिन प्रधानता किसी एक भाषा को ही मिली होती है।

ब्रजभाषा काव्य की एक लंबी परंपरा चली आ रही थी। 19वीं सदी के उत्तरार्द्ध में जब खड़ी बोली में गद्य-लेखन का समुचित विकास दिखाई पड़ने लगा तब भी काव्य की भाषा के रूप में ब्रजभाषा का ही आधिपत्य रहा। हिंदी के लिए लड़ाई लड़ने वाले अनेक महापुरुष भी इसे ही ठीक मानते थे। इसका

1. शिवदान सिंह चौहान, हिंदी साहित्य के अस्सी वर्ष, पृ. 10
2. डॉ. शितिकंठ मिश्र, खड़ी बोली का आंदोलन, पृ. 56

एक कारण तो यह था कि खड़ी बोली की उत्पत्ति को लेकर उनके मन में भ्रम था। किसी भी भाषा के तीन आधारभूत तत्त्व होते हैं– (i) व्याकरण (ii) ध्वनि एवं (iii) शब्दावली। व्याकरण के आधार पर देखें तो ब्रजभाषा एवं खड़ी बोली में कोई समानता ही नहीं है। ध्वनि तत्त्व की वजह से अगर एक ही भाषा अलग-अलग क्षेत्र के लोग बोलें तब भी समझने में कठिनाई होगी। इसका सर्वश्रेष्ठ उदाहरण हम ब्रिटिश अंग्रेजी व अमेरिकन अंग्रेजी के उच्चारण में देख सकते हैं। रही बात शब्दावली की तो वह हिंदी क्षेत्र की सभी बोलियों में 50 से 60 फीसदी तक समान है। आचार्य शुक्ल लिखते हैं– "कोई भाषा कितनी दूर तक समझी जाती है, इसका विचार भी तो आवश्यक होता है। किसी भाषा का समझा जाना अधिकतर उसकी शब्दावली (वोकेब्युलरी) पर अवलंबित होत है। यदि ऐसा न होता तो उर्दू और हिंदी का एक ही साहित्य माना जाता।"[1] बात यहीं से बिगड़ गई है। वास्तव में, हिंदी और उर्दू– एक ही बोली– दिल्ली, मेरठ की कौरवी या रेख्ता या खड़ी बोली के आधार पर विकसित एक ही भाषा की दो शैलियाँ हैं। इनका व्याकरण एक है भले ही शब्दावली बदल गई है। किसी भी भाषा का मुख्य आधार व्याकरण हो सकता है, लेकिन उर्दू व हिंदी के बीच लड़ाई का जो वह दौर था, उसमें ऐसा मानना लोकमान्यता के विरुद्ध था। तब उर्दू को अरबी-फारसी की शब्दावली से भरने और हिंदी से अरबी-फारसी के आमफहम शब्दों को भी निकालने का प्रयास किया जा रहा था। ऐसी स्थिति में खड़ी बोली कविता का पक्ष लेना भी खतरे से खाली नहीं था।

उर्दू और हिंदी की लड़ाई के संदर्भ में इस तथ्य पर भी ध्यान देना चाहिए कि जिन अमीर खुसरो के यहाँ हम हिंदी खड़ी बोली कविता का आरंभ देखते हैं, वही उर्दू के भी प्रारंभिक रचनाकारों में मुख्य हैं। उनसे पहले ख्वाजा मसऊद साद सलमान (मृत्यु : लगभग 1130 ई.) को हिंदी का पहला कवि माना गया परंतु उनकी कविताएँ लगभग अप्राप्य ही हैं। अमीर खुसरो, हजरत गेसूदराज और शेख बहाउद्दीन बाजन उर्दू के आरंभिक कवियों में आते हैं। बाजन (1388-1506) को प्रो. शम्सुर्रहमान फारूकी उर्दू का पहला रचनाकार कहते हैं। लेकिन अगर उनकी कविता को उठाएँ तो तत्काल स्पष्ट हो जाएगा कि उसकी भाषा और हिंदी में कोई फर्क नहीं है।

तेरे पंथ कोई चल न सके
चेरी चले सो चल-चल थके
पढ़ पंडित पोथी धोया
सबह जाना सुध बुध खोया।[2]

1. आचार्य रामचंद्र शुक्ल, हिंदी साहित्य का इतिहास, पृ. 32
2. संपादक : मुरली मनोहर प्रसाद सिंह, चंचल चौहान, कांति मोहन सोज़, रेखा अवस्थी, हिंदी-उर्दू साझा संस्कृति, पृ. 152

अगर हम इसके ऐतिहासिक परिप्रेक्ष्य में जाएँ तो स्पष्ट है कि नागरी आंदोलन चलाने वाले खड़ी बोली हिंदी का संबंध शेख बहाउद्दीन बाजन, वली दकनी, कुली कुतुबशाह, मीर तक़ी मीर, मोहम्मद रफी सौदा, ख़्वाजा मीर दर्द, नजीर अकबराबादी, मिर्ज़ा ग़ालिब, अल्ताफ हुसैन हाली, अकबर इलाहाबादी, मुहम्मद इकबाल आदि से जोड़ते तो फिर उनके उर्दू विरोध का क्या होता? हालाँकि यह कहना जरा मुश्किल है कि धर्म आधारित सांप्रदायिक राजनीति की संकीर्णता ने दोनों को अलग कर दिया, इसके लिए किसी एक पक्ष को कठघरे में खड़ा करना भी उतना ही मुश्किल है।

खड़ी बोली के उर्दू लहजे के ये सभी कवि न सिर्फ अरबी–फारसी के अच्छे जानकार थे बल्कि अधिकतर मिर्ज़ा ग़ालिब जैसी धारणा रखने वाले थे। मतलब उनमें से अधिकतर फारसी को उर्दू से श्रेष्ठ मानते थे। अगर साहित्यिक समृद्धि के लिहाज से देखें तो फारसी ही क्यों, तमाम शास्त्रीय भाषाएँ संपन्न और श्रेष्ठ हैं। लेकिन अपनी मातृभाषा को हीन समझने का एक नतीजा यह हुआ कि अभिव्यक्ति की कलात्मकता के लिए फारसी की इतनी मदद ली गई कि सामान्य हिंदीभाषी के लिए अर्थ–ग्रहण मुश्किल हो गया। खैर, दोष जिसका और जैसा भी हो, नागरी आंदोलन से पहले ही हिंदी–उर्दू दो भाषाओं के रूप में अलग हो चुकी थीं। 'फोर्ट विलियम कॉलेज' इसका एक महत्त्वपूर्ण सबूत है।

हिंदी और उर्दू आज दो स्वतंत्र भाषाओं के रूप में मान्य हैं और यह स्थिति इस तथ्य के बावजूद है कि इन दोनों भाषाओं का उद्गम एक ही था। उद्भव एक ही स्रोत से हुआ और एक पूरे दौर में खड़ी बोली का साहित्य उर्दू मात्र का साहित्य ही बना रहा। हिंदी क्षेत्र की बोलियों में मध्यकाल में रचे गए साहित्य को हिंदी साहित्य बतलाते समय भी यह तथ्य अलग से उपस्थित रहता है कि उस काल में भी खड़ी बोली में रचना हो रही थी। वह रचनाशीलता उर्दू के रूप में संरक्षित है। इसीलिए नजीर की कविताएँ हिंदी की लगती हैं। इसीलिए हाली की 'मुसद्दस' पहले आई, फिर श्रीमैथिलीशरण गुप्त की 'भारत–भारती'। हाली की 'विधवा' पर लिखी कविता हो या नजीर की 'रोटियों' पर वे खड़ी बोली को आधुनिकता का पाठ पहले पढ़ाती हैं।

लेकिन हिंदी और उर्दू को खड़ी बोली की दो शैलियाँ मानकर इसकी 'पहली' आधुनिक कविता की खोज करने पर इस अध्ययन का स्वरूप ही बदल जाएगा। ऐसा करना वर्तमान स्थिति में न तो संभव है, न अपेक्षित। इसलिए भाषा और शैली के मुद्दे पर अयोध्या प्रसाद खत्री, शमशेर बहादुर सिंह या कृष्ण बलदेव वैद के दृष्टिकोण से सहमति रखने के बावजूद यह अध्ययन परंपरागत हिंदी भाषा और साहित्य पर ही आधारित है।

खड़ी बोली की कविता अपनी प्रकृति में दक्खिनी काव्यधारा से जुड़ती थी।

वह उर्दू लिपि में लिखी जाती थी, लेकिन खड़ी बोली की ही एक शैली थी। बंदानवाज, वली दकनी आदि उसके महत्त्वपूर्ण कवि हुए। आगे खड़ी बोली की कविता मीर के यहाँ मिलती है।

होगा किसू दीवार के साये में पड़ा मीर
क्या काम मोहब्बत से, उस आरामतलब को।[1]

यह उस शायर का कलाम है जो अपने को 'हिंदी जुबाँ' का बताता है। इसके बाद 'आधुनिक काल' प्रकरण (2, काव्यखंड (सं. 1925-1950), नई धारा : प्रथम उत्थान) के अंतर्गत भी आचार्य शुक्ल जैसे आलोचक-इतिहासकार पहले भारतेंदु हरिश्चंद्र, पंडित प्रताप नारायण मिश्र, बदरीनारायण चौधरी उपाध्याय 'प्रेमघन', ठाकुर जगमोहन सिंह की पर्याप्त चर्चा करते हुए कहते हैं कि "भारतेंदु के सहयोगी लेखक यद्यपि देशकाल के अनुकूल नए-नए विषयों की ओर प्रवृत्त हुए, पर भाषा उन्होंने परंपरा से चली आती हुई ब्रजभाषा ही रखी और छंद भी वे ही लिये, जो ब्रजभाषा में प्रचलित थे। पर भारतेंदु के गोलोकवास के थोड़े ही दिनों पीछे भाषा के संबंध में नए विचार उठने लगे...। गद्य एक भाषा में लिखा जाए और पद्य दूसरी भाषा में, यह बात खटक चली।"[2] उनका मानना है कि खड़ी बोली में पद्य रचना नई बात न थी। नामदेव और कबीर की रचना में ही खड़ी बोली का पूरा स्वरूप दिखता है, लेकिन आचार्य शुक्ल को "उसका व्यवहार अधिकतर सधुक्कड़ी भाषा" के भीतर दिखा। यह तो हम सभी को मालूम है कि सधुक्कड़ी भाषा उन्होंने कैसे भाव से कहा है। आगे उन्होंने नज़ीर अकबराबादी के यहाँ खड़ी बोली का रूप देखा है। यह बिल्कुल ठीक है। नज़ीर खड़ी बोली के अपने जातीय कवि हैं। उनकी कविता में खड़ी बोली का यह रूप है :

रोटी न पेट में हो तो फिर कुछ जतन न हो
मेले की सैर, ख्वाहिश-ए-बाग़-ओ-चमन न हो
भूके गरीब दिल की खुदा से लगन न हो
सच है कहा किसी ने कि, भूके भजन न हो।[3]

वास्तव में, हिंदी कविता सबसे अधिक सुंदर रूप में उर्दू छंदों की प्रणाली में ही आती थी, न कि कवित्त-सवैया की ब्रजभाषा प्रणाली अथवा लावनी में। भाषायी लड़ाई ने उपनिवेशवादी शासन के दौरान सांप्रदायिक रूप ले लिया था।

---

1. अली सरदार जाफरी, दीवान-ए-मीर, पृ. 170
2. आचार्य रामचंद्र शुक्ल, हिंदी साहित्य का इतिहास, पृ. 323
3. डॉ. नज़ीर मुहम्मद (सं.), नज़ीर ग्रंथावली, पृ. 215

इसका प्रभाव आचार्य शुक्ल पर स्पष्ट दिखता है। खड़ी बोली की कविता के प्रति उर्दू के योगदान को स्वीकार करते हुए वह लिखते हैं, 'द्वितीय उत्थान के समाप्त होते-होते खड़ी बोली में बहुत कुछ कविता हो चुकी थी। इन 25-30 वर्षों के भीतर वह बहुत कुछ मँजी, इसमें संदेह नहीं पर इतनी नहीं जितनी उर्दू काव्य क्षेत्र के भीतर जाकर मँजी है।'[1] फिर भी 'हिंदी में खड़ी बोली के पद्य प्रवाह के लिए' उर्दू छंदों के अनुकरण को वह 'नैराश्य या आलस्य' समझते थे। उर्दू और हिंदी की इस विकट लड़ाई ने दोनों को परस्पर बहुत दूर कर दिया। साथ ही, हिंदी को खड़ी बोली की एक लंबी काव्य-परंपरा से वंचित भी कर दिया। उर्दू में अरबी-फारसी के शब्दों को भरे जाने के पहले की कविताएँ भी अब हिंदी की नहीं मानी गईं। साथ ही, यह मानने में भी वक्त लगा कि ब्रजभाषा हिंदी नहीं है। आज तक हिंदी कविता की जगह व्यापक रूप से अवधी व ब्रजभाषा की कविता पढ़ी-पढ़ाई जाती है, जिसके लिए कहीं-न-कहीं यह ऐतिहासिक स्थिति जिम्मेदार है।

19वीं सदी का खड़ी बोली पद्य का आंदोलन

19वीं सदी की खड़ी बोली कविता पर विचार करने से पहले यह अत्यंत आवश्यक है कि हम 19वीं सदी के उत्तरार्द्ध में हुए खड़ी बोली पद्य के आंदोलन पर एक नजर डालें। इस आंदोलन के मद्देनजर 19वीं सदी की इन आरंभिक कविताओं का महत्त्व ज्यादा स्पष्ट नजर आता है। हिंदी-उर्दू के संघर्ष के साथ-ही-साथ खड़ी बोली हिंदी ने पर्याप्त उन्नति कर ली। सैकड़ों पत्र-पत्रिकाओं द्वारा खड़ी बोली गद्य का विकास अभूतपूर्व तीव्रता से हो रहा था, लेकिन पद्य की भाषा अभी भी मुख्य रूप से ब्रजभाषा ही थी। भाषा-विषयक यह विषमता धीरे-धीरे असुविधाजनक प्रतीत हो रही थी। एक ही विषय में गद्य और पद्य की भिन्न-भिन्न भाषाओं के कारण विद्यार्थियों की भी कठिनाई और बढ़ गई थी। 'पीयूष प्रवाह' ने 20 जून, सन् 1887 ई. को 'खड़ी बोली का पद्य' की समालोचना करते हुए बिल्कुल नब्ज पर उँगली रखी थी– ''आजकल की प्रायः यह रीत ही पड़ गई है कि लोग यदि खड़ी बोली में भी कोई ग्रंथ लिखते हैं तो जब उसमें कोई छंद लिखना होता है तो ब्रजभाषा में लिख मारते हैं। कितने ही ग्रंथकार खड़ी बोली में यत्न ही नहीं करते और कितने कहते हैं कि इस भाषा में पद्य आज तक बना ही नहीं।''

वास्तव में, मासिक पत्र 'क्षत्रिय पत्रिका', फाल्गुन शुक्ल दशमी, विक्रम संवत् 1939 (खंड 2, संख्या 11) में 'हिंदी भाषा' शीर्षक लेख में पृष्ठ संख्या 194-195 पर भारतेंदु हरिश्चंद्र ने लिखा है कि ''पश्चिमोत्तर देश की कविता की भाषा ब्रजभाषा

1. आचार्य रामचंद्र शुक्ल, हिंदी साहित्य का इतिहास, पृ. 347

है, यह निर्णीत हो चुका है और प्राचीन काल से लोग इसी भाषा में कविता करते आते हैं, परंतु यह कह सकते हैं कि यह नियम अकबर के समय के पूर्व नहीं था क्योंकि मलिक मुहम्मद जायसी और चंद की कविता विलक्षण ही है और वैसे ही तुलसीदास जी ने भी ब्रजभाषा का नियम भंग कर दिया। जो हो, मैंने कई बार परिश्रम किया कि खड़ी बोली में कुछ कविता बनाऊँ पर वह मेरे चित्तानुसार नहीं बनी। इससे यह निश्चय होता है कि ब्रजभाषा ही में कविता करना उत्तम होता है और इसी से सब कविता ब्रजभाषा में ही उत्तम होती है।''

अब जबकि भारतेंदु ने ही खड़ी बोली को कविता के अयोग्य बता दिया और सर जॉर्ज अब्राहम ग्रियर्सन को उनका मत ग्राह्य लगा तो फिर खड़ी बोली कविता के लिए कौन लड़ाई लड़े?

खड़ी बोली पद्य के लिए आंदोलन का सूत्रपात 'खड़ी बोली का पद्य' (पहला भाग) नामक पुस्तक के प्रकाशन से हुआ। यह पुस्तक 1887 ई. में मुजफ्फरपुर के नारायण प्रेस से छपी थी। मुजफ्फरपुर निवासी बाबू अयोध्या प्रसाद खत्री ने खड़ी बोली काव्य को समर्थन और बढ़ावा देने के लिए अनेक प्रकार की कविताओं का संकलन करके एक भूमिका के साथ छपवाया और वितरण आरंभ किया। इसका एक अन्य संस्करण 1888 ई. में लंदन से हिंदी प्रेमी फ्रेडरिक पिन्कॉट के संपादकत्व में प्रकाशित हुआ। इस किताब के छपने के बाद काव्यभाषा का सवाल इतना अहम होकर उभरा कि उस पर उग्र वाद-विवाद शुरू हो गया। एक ही भाषा के समर्थकों में काव्य और गद्य की भाषा को लेकर ऐसा विवाद शायद ही कहीं हुआ हो। इस पुस्तक ने काव्यभाषा के संबंध में जो विचार प्रस्तुत किए, उसके जरिए एक साहित्यिक आंदोलन की शुरुआत हुई। इसने ब्रजभाषा के मुकाबले खड़ी बोली को काव्यभाषा का स्थान दिलाने वाले अग्रणी व्यक्तियों में अयोध्या प्रसाद खत्री का स्थान सदा के लिए सुरक्षित कर दिया।

वास्तव में, 'खड़ी बोली का पद्य' के पहले से ही खड़ी बोली में कविताएँ लिखी जा रही थीं। इस पुस्तक में संकलित सारी कविताएँ कहीं-न-कहीं छप चुकी थीं। यहाँ तक कि भारतेंदु भी खड़ी बोली में काव्य-रचना का प्रयत्न कर रहे थे। 1 सितंबर, 1881 को 'भारतमित्र' के संपादक को लिखा उनका ऐतिहासिक पत्र यह जाहिर करता है कि मनोनुकूल नहीं बनने पर भी उन्होंने 'प्रचलित साधुभाषा में कुछ कविता भेजी'। भारतेंदु अपने युग की आकांक्षाओं को पहचानते थे। इसलिए श्रमसाध्य होने पर भी खड़ी बोली में काव्य करने का प्रयत्न किया। वहीं भारतेंदु मंडल ने खड़ी बोली कविता के लिए हुए आंदोलन का प्रखर विरोध किया।

खत्री ने जब गद्य और पद्य की भाषा को एक बनाने का आंदोलन शुरू किया तब जिन लोगों ने सर्वाधिक विरोध किया, उनमें से कई खड़ी बोली हिंदी में कविताएँ लिख रहे थे अथवा लिखने का आह्वान कर रहे थे। यह दिलचस्प तथ्य है कि

खड़ी बोली आंदोलन के अनेक समकालीन समर्थ कवियों की ओर खत्री का ध्यान गया ही नहीं। डॉ. रामनिरंजन परिमलेंदु ने ठीक लिखा है कि "यदि पंडित राधाचरण गोस्वामी, पंडित प्रताप नारायण मिश्र आदि की खड़ी बोली कविताओं को खत्री जी 'खड़ी बोली का पद्य' में स्थान प्रदान करने का न्याय करते तो उनके आंदोलन का तीव्र विरोध नहीं होता। खड़ी बोली काव्य के विरोधियों में पंडित राधाचरण गोस्वामी, पंडित प्रताप नारायण मिश्र आदि ही विशेष उग्र थे।"[1] खड़ी बोली पद्य आंदोलन के विरोधी पंडित प्रताप नारायण मिश्र ने सन् 1884 ई. में स्वयं ही खड़ी बोली में काव्य-रचना का अनुरोध किया एवं स्वयं रचना भी की थी। **ब्राह्मण :** 15 जून, 1884 ई. (खंड 2, संख्या 4) में अपनी प्रथम खड़ी बोली हिंदी कविता 'चाहो गाना समझो चाहो रोना समझो' की पाद टिप्पणी में प्रताप नारायण मिश्र ने यह प्रार्थना की थी– "आर्य कवियों से हम सानुरोध प्रार्थना करते हैं कि नागरी भाषा की कविता का भी ढंग डालें। जिस भाषा के लिए इतनी हाय करते हैं उसमें कविता की चाल न हो? प्रिय वर्ग हमें सहायता दो।" खत्री उर्दू और खड़ी बोली में विशेष अंतर नहीं मानते थे। अपने समर्थन में उन्होंने बीम्स हार्लिव, राजा शिवप्रसाद सिंह, 'हिंदी प्रदीप' आदि के मतों का उदाहरण दिया है। उनकी भाषा संबंधी इस नीति का उल्लेख करते हुए डॉ. शितिकंठ मिश्र ने लिखा है : "यहाँ तक तो बात किसी तरह मान्य थी परंतु आगे चलकर अयोध्या प्रसाद जी पंडित हिंदी या साहित्यिक हिंदी से मुंशी हिंदी या हिंदुस्तानी की महत्ता अधिक सिद्ध करने के फेर में पड़कर हिंदी विकास के मूल पर ही भ्रामक मत देने लगते हैं।"[2] यहीं से डॉ. शितिकंठ मिश्र पहले ही मान लेते हैं कि हिंदी साहित्य में साहित्यिक हिंदी के रूप में श्रीधर पाठक की पंडित शैली ही स्वीकृत हुई। वे इस ऐतिहासिक पक्षधरता से ऊपर नहीं उठ सके। आज के समय में जिस हिंदी की प्रशंसा होती है, वह संस्कृतनिष्ठ पंडिताऊ हिंदी भले न हो लेकिन आरंभ में जो काव्यभाषा स्वीकार की गई, वह वही थी। इसलिए ही उन्हें यह बात खलती है कि "वे (अयोध्या प्रसाद खत्री) हिंदुस्तानी या मुंशी स्टाइल के समर्थक थे और इसी को वे खड़ी बोली हिंदी का प्राकृत रूप मानते थे। हिंदी और उर्दू में केवल लिपि का भेद समझते थे परंतु ब्रजभाषा और उसके पद्य को हिंदी और उसके पद्य से पूर्णतया पृथक् मानते थे।"[3] हिंदी और उर्दू के उस खूनी संघर्ष के दौर में अगर यह बात ठीक भी थी तो लोक विरुद्ध थी। खत्री ब्रजभाषा के छंदों को हिंदी का छंद भी नहीं मानते थे। ब्रजभाषा व खड़ी बोली के संबंध में उनके विचार आज भी अनेक विद्वानों को ग्राह्य नहीं होंगे, उस समय तो हलचल ही मच गई। खत्री के प्रगतिशील

1. डॉ. रामनिरंजन परिमलेंदु, भारतेंदु काल के भूले-बिसरे कवि और उनका काव्य, पृ. 316
2. डॉ. शितिकंठ मिश्र, खड़ी बोली का आंदोलन, पृ. 167
3. वही, पृ. 169

विचार अपने समय की रूढ़ियों से टकराने के लिए अकेले थे। उर्दू के विरुद्ध हिंदी के साहित्यिक हलकों में सामूहिक विरोध की भावना पसरी हुई थी। 'हिंदी, हिंदू, हिंदुस्तान' का नारा लगाया जा रहा था। ऐसी ही स्थिति विरोधी खेमे की थी। उर्दू वाले भी हिंदी से अपना दूर-दूर का संबंध नहीं जोड़ते थे। ऐसी स्थिति में उर्दू का रंचमात्र समर्थन भी हिंदी प्रेमियों को सह्य नहीं हो सकता था। माहौल में उत्तेजना थी। डॉ. शितिकंठ मिश्र कहते हैं, "विशेष उत्तेजना फैलाने की जिम्मेदारी खत्री के उस सिद्धांत को है जिसके अनुसार वे ब्रजभाषा काव्य को हिंदी काव्य ही नहीं मानते...। ब्रजभाषा साहित्य को, जो हिंदी कविता की अमूल्य निधि है, हिंदी से अलग कर देने का प्रयत्न वस्तुतः बहुत ही उत्तेजना फैलाने का कारण बना।"[1]

प्रश्न उठता है कि क्या खत्री के विचार वाकई भ्रम फैलाने वाले थे? भाषा की जो समझ उन्होंने दिखाई, वह क्या सही नहीं थी? ब्रजभाषा के छंद अगर हिंदी के जातीय छंद थे तो आज भी कवित्त, सवैया आदि हिंदी में प्रमुखता से मिलते। ब्रजभाषा साहित्य अगर हिंदी कविता की अमूल्य निधि है तो आधुनिक काल में खड़ी बोली में रचना आरंभ होने के बाद भी उसकी सुध लेनी चाहिए थी। लेकिन वर्तमान समय में ब्रजभाषा, अवधी आदि के साहित्य को हिंदी में स्थान नहीं दिया जाता? इन प्रश्नों से टकराने पर डॉ. शितिकंठ मिश्र को संभवतः खत्री की भाषा-नीति सही लगती और वे पंडित हिंदी को ही साहित्यिक हिंदी घोषित करने की श्रीधर पाठकीय पक्षधरता में नहीं जा पड़ते।

'खड़ी बोली का पद्य' (पहला भाग) पर अपनी राय देते हुए राधाचरण गोस्वामी ने 11 नवंबर, 1887 ई. के 'हिंदोस्थान' में खड़ी बोली पद्य का उग्र विरोध किया। उन्होंने कहा कि खड़ी बोली हिंदी ब्रजभाषा से भिन्न स्वतंत्र भाषा नहीं है। उसमें मात्र क्रिया का अंतर है। खड़ी बोली में हृदयगुणों का अभाव है। इसलिए उत्कृष्ट कविता संभव ही नहीं। उनका मानना था कि "यह खड़ी बोली की कविता भी पिशाची नहीं तो डाकिनी अवश्य कवि समाज में मानी जाएगी।" उन्होंने चंद से लेकर हरिश्चंद्र तक; सूर, तुलसी, बिहारी, देव, घनानंद, पद्माकर तक की ब्रजभाषा की अमृतमयी कविता को हिंदी की गौरव सामग्री माना और कहा कि "हमारी कविता की भाषा मरी नहीं, जीवित है।" अतः ब्रजभाषा में ही कविता करना उचित है। गोस्वामी के अनुसार, "यदि गद्य और कविता की हिंदी में कुछ अंतर है तो इतना ही कि एक प्राचीन भाषा है और दूसरी नवीन भाषा। इस दो तरह की भाषा परिपाटी रहने से हिंदी का गौरव है।"[2] गोस्वामी की मान्यताएँ सर्वथा मान्य नहीं थीं। श्रीधर पाठक ने 20 दिसंबर, 1887 ई. के 'हिंदोस्थान' में एक लेख लिखकर गोस्वामी के विचारों का तर्कपूर्ण खंडन किया। पाठक ने कहा कि चंद से लेकर हरिश्चंद्र

1. डॉ. शितिकंठ मिश्र, खड़ी बोली का आंदोलन, पृ. 174-175
2. 'हिंदोस्थान', 11 नवंबर, 1887

तक संपूर्ण हिंदी साहित्य ब्रजभाषा में नहीं है। स्वयं हरिश्चंद्र ने लिखा कि हिंदी पद्य में ब्रजभाषा की शरण लेने का नियम अकबर के पूर्व नहीं था। जायसी और चंद की कविता ब्रजभाषा से भिन्न है। पाठक ने लिखा, ''गोस्वामी के अनुसार चंद से हरिश्चंद्र तक हिंदी की सब कविता ब्रजभाषा ही में यदि हुई है तो यह किसलिए आवश्यक है कि इससे आगे भी अब सब कविता उसी बोली में होवे। हमारा मत है कि दोनों में हो– ब्रजभाषा में भी और खड़ी बोली साधुभाषा में भी वरंच खड़ी बोली में कई कारणों से कविता की विशेष आवश्यकता है।''[1]

वस्तुतः पाठक ने उग्र विरोध की जगह समन्वय का रास्ता अपनाया। वे खत्री की तरह ब्रजभाषा काव्य को हिंदी काव्य नहीं मानने पर अड़े हुए नहीं थे। वे ब्रजभाषा काव्य के विरोध में नहीं थे। ब्रजभाषा में उन्होंने गोल्डस्मिथ के 'डेजर्टेड विलेज' का अनुवाद 'ऊजड़ ग्राम' नाम से किया है। उनके पत्र से भी यह जाहिर होता है कि वे खड़ी बोली के समर्थक थे, आग्रही थे लेकिन उनमें खड़ी बोली के प्रति ऐकांतिक प्रेम और समर्पण की वह भावना नहीं थी जो खत्री में थी। उनके समन्वयवादी दृष्टिकोण को ही इतिहास में ज्यादा महत्त्व मिला। चूँकि हिंदी कविता के इतिहास से ब्रजभाषा काव्य का महत्त्वपूर्ण स्थान कभी समाप्त नहीं हुआ, इसलिए पाठक के दृष्टिकोण को पर्याप्त महत्त्व मिला। 'हिंदोस्थान' के संपादक मदन मोहन मालवीय ने पाठक के इस लेख के साथ संपादकीय टिप्पणी लिखकर खड़ी बोली पद्य के प्रति अपना समर्थन दिया था। उनका कहना था कि ''जितनी भाषाएँ आज तक संसार में बोली गई हैं, प्रायः उन सबमें कविता की गई है और हम कोई कारण नहीं देखते, जिससे कि आजकल की हिंदी व खड़ी बोली इस सांसारिक नियम से बाहर हो।''[2]

अपने लेख का जवाब और 'हिंदोस्थान' की संपादकीय टिप्पणी पढ़कर गोस्वामी ने पुनः 15 जनवरी, 1888 ई. को 'हिंदोस्थान' में ही 'प्रतिवाद' किया। पुनः उन्होंने लिखा, ''...मेरे मित्र (श्रीधर पाठक) का यह कथन और इसकी बड़ी उत्तेजना कि ब्रजभाषा की कविता जब देश में नहीं समझी जा सकती, खड़ी बोली की कविता सब देशवासी समझेंगे, भ्रम है।...जबकि ब्रजभाषा और हिंदी में कुछ अंतर नहीं है, जबकि हिंदी के बड़े-बड़े विद्वानों ने अपने उत्तम-उत्तम ग्रंथों में इसी का प्रयोग किया है, जबकि यह भाषा काव्य के सर्वगुणों से शोभित है, जबकि हमारे देश के कवियों की यही भाषा है, जबकि खड़ी बोली मधुर कविता के उपयुक्त नहीं, तब क्या आवश्यक है कि इसी का आग्रह किया जाय?''[3] वास्तव

1. 'हिंदोस्थान', 20 दिसंबर, 1887
2. वही
3. कर्मेंदु शिशिर, भारतेंदु मंडल के प्रमुख रचनाकार राधाचरण गोस्वामी की चुनी हुई रचनाएँ, पृ. 162-163

में, गोस्वामी की मुश्किल यह थी कि वे ब्रजभाषा और हिंदी को दो मानते नहीं थे। उन्होंने लिखा, "हमें कृपा करके उन शब्दों को बतला दें जो ब्रजभाषा में नहीं हैं और हिंदी में हैं या ब्रजभाषा में कठिन और हिंदी में सरल हैं।" शब्दावली के इसी तर्क पर तो आचार्य शुक्ल भी हिंदी समूह की बोलियों में अंतर नहीं मानते थे। यही वह दृष्टिकोण था, जिसके आधार पर हिंदी साहित्य के इतिहास में ब्रजभाषा काव्य को हिंदी-काव्य की पूर्वपीठिका के रूप में रखा जाता है। पाठक ने इस लेख का जवाब 'खड़ी हिंदी में कविता' लेख के द्वारा दिया जो 3 और 4 फरवरी, 1888 ई. को 'हिंदोस्थान' में प्रकाशित हुआ।

विवाद के आरंभिक काल में राधाचरण गोस्वामी, प्रताप नारायण मिश्र, शिवनाथ शर्मा आदि खड़ी बोली पद्य के विरोधियों में थे। दूसरी ओर अयोध्या प्रसाद खत्री के साथ श्रीधर पाठक, केशवराम भट्ट, चंद्रशेखरधर मिश्र आदि ने इसका पक्ष लिया। यह वाद-विवाद मुख्यत: 'हिंदोस्थान', 'बिहार-बंधु', 'सार-सुधानिधि', 'चंपारन-चंद्रिका' और 'पीयूष-प्रवाह' आदि पत्रिकाओं में चला। खत्री ने इनमें से चुने हुए लेखों का संग्रह किया और भुवनेश्वर मिश्र के संपादन में वह 'खड़ी बोली का आंदोलन' नाम से पुस्तकाकार प्रकाशित हुआ। अपनी तरह की यह अनूठी पुस्तक थी जो किसी तरह के साहित्यिक वाद-विवाद के ऊपर प्रकाशित हुई।

प्राय: समझा जाता है कि खड़ी बोली कविता संबंधी वाद-विवाद आचार्य महावीर प्रसाद द्विवेदी के आगमन से पूर्व ही समाप्त हो गया था। लेकिन यह धारणा भ्रांतिपूर्ण है। सन् 1911 ई. में द्वितीय हिंदी साहित्य सम्मेलन (आगरा) के अवसर पर गौरचरण गोस्वामी ने कहा– "अब प्रश्न यह है कि कविता हिंदी में हो या ब्रजभाषा में? इसका सहज उत्तर होगा कि ब्रजभाषा ही में।"[1] 1913 ई. और 1915 ई. में आयोजित क्रमश: चतुर्थ और षष्ठ हिंदी साहित्य सम्मेलन में भी एकाधिक निबंधों में ब्रजभाषा और खड़ी बोली के पक्ष-विपक्ष में तर्क-कुतर्क किया जाता रहे। वस्तुत: खत्री के जीवनकाल में ही नहीं, द्विवेदी युग तक यह आंदोलन चलता रहा। 1887 ई. से 1915 ई. की लंबी अवधि तक यह साहित्यिक आंदोलन चला।

खड़ी बोली कविता के लिए अयोध्या प्रसाद खत्री ने न सिर्फ असाधारण उद्यम किया बल्कि व्यक्तिगत आक्षेप भी झेले और भारतेंदु हरिश्चंद्र जैसे प्रभावशाली व्यक्तित्व का विरोध करते हुए 'एक अगरवाले के मत पर एक खत्री की समालोचना' लिखी। इसके बावजूद अनेक लोगों ने इस आंदोलन के विवेचन के क्रम में उनका नामोल्लेख तक नहीं किया।

---

1. द्वितीय हिंदी साहित्य सम्मेलन (प्रयाग) कार्य विवरण (दूसरा भाग), पृ. 246

जनवरी, सन् 1901 ई. में बाबू श्यामसुंदर दास ने 'सरस्वती' में लिखा : ''अभी तक लोगों का ध्यान हिंदी पद्य की ओर बहुत कम हुआ है। हिंदी पद्य से हमारा आशय उस पद्य से है जो आजकल की हिंदी में लिखा हो, न कि प्राचीन ब्रजभाषा में। ब्रजभाषा की कविता चाहे मधुर हो, पर यह बात हिंदी भाषा के लिए बड़ी निंदा की है।'' यही बात बहुत पहले से खत्री कह रहे थे लेकिन उनका जिक्र तक नहीं हुआ। 'नागरी प्रचारिणी पत्रिका' के मार्च, 1901 ई. के अंक में खड़ी बोली कविता को महारानी विक्टोरिया के राज्यकाल की एक बड़ी घटना के रूप में स्वीकृति मिली, किंतु खत्री जी का नामोल्लेख वहाँ भी नहीं हुआ। आचार्य महावीर प्रसाद द्विवेदी ने 'सरस्वती' फरवरी-मार्च, 1903 ई. के संपादकीय में सर्वप्रथम खत्री का उल्लेख किया : ''कुछ दिनों से हिंदी के लेखकों का ध्यान पद्य की भाषा की ओर गया है। अब तक हिंदी का पद्य ब्रजभाषा में ही था। अब बोलचाल की भाषा में भी कविता होने लगी है। इस विषय की ओर पहले-पहल बाबू अयोध्या प्रसाद जी का ध्यान गया।''

खत्री खड़ी बोली आंदोलन के निर्विवाद संचालक थे। वे हिंदी भाषा के अत्यधिक जागरूक और सावधान नेता थे। उन्होंने श्रीधर पाठक की उदार नीति नहीं स्वीकार की, न ही पंडित शैली की हिंदी भाषा के पक्षधर रहे। मुंशी शैली उनके द्वारा बहुप्रशंसित और मान्यता-प्राप्त भाषा थी। वे नाटककार और पत्रकार पंडित केशवराम भट्ट की भाषा को आदर्श भाषा मानते थे। राजा शिवप्रसाद 'सितारेहिंद' की भाषा का समर्थन करके उन्होंने विरोध को जैसे आमंत्रित किया था। साहित्य-जगत जब भारतेंदु के प्रभाव में था तब उन्होंने नि:संकोच राजा शिवप्रसाद की भाषा की तारीफ करके अपनी भाषा-नीति की तटस्थता साबित की। आज भी उर्दू को हिंदी की एक शैली स्वीकारने का साहस बहुत से इतिहासकार नहीं कर पाते जबकि खत्री ने उस समय दोनों की नजदीकी को स्वीकार किया था। खत्री के पूर्व पंडित बालकृष्ण भट्ट ने उर्दू को हिंदी का एक रूपांतर माना था। खड़ी बोली के आंदोलन पर कार्य करने वाले शोधार्थियों ने भी खत्री के महत्त्व को यथोचित महत्त्व नहीं दिया है। वहाँ भी पाठक ही केंद्र में रहे हैं। इसके बावजूद इस तथ्य से इनकार नहीं किया जा सकता कि खत्री द्वारा संचालित खड़ी बोली का आंदोलन व्यापक और दूरगामी प्रभाव का साहित्यिक आंदोलन था। तत्कालीन प्रत्येक साहित्यसेवी ने इसके प्रभाव को महसूस किया और भविष्य के अध्येताओं से इसकी चाहकर भी उपेक्षा नहीं की जा सकी।

19वीं सदी की खड़ी बोली हिंदी कविता

परंपराबद्ध पंडितों की दृष्टि में खड़ी बोली अस्पृश्य थी, परंतु यह जनसाधारण

की प्रिय भाषा थी। खड़ी बोली पद्य के लिए हुए आंदोलन के पूर्व ही इसमें काव्य-रचना आरंभ हो चुकी थी। वस्तुत: 'खड़ी बोली का पद्य' में खत्री ने जिन रचनाओं को सम्मिलित किया था, वे पूर्व प्रकाशित रचनाएँ थीं। भारतेंदु हरिश्चंद्र के समय से ही खड़ी बोली में काव्य-रचना आरंभ हो गई थी। स्वयं भारतेंदु ने लावनी, ग़ज़ल, होली, दादरा, ठुमरी आदि लोकगीतों में खड़ी बोली के प्रयोग को बढ़ावा दिया था। उनके कई नाटकों– 'नीलदेवी', 'भारत-दुर्दशा' आदि के पद्यों में खड़ी बोली का प्रयोग हुआ है। भारतेंदु मंडल के अन्य रचनाकारों– प्रताप नारायण मिश्र और राधाचरण गोस्वामी, जिन्होंने आंदोलन का विरोध किया था, ने भी खड़ी बोली में काव्य-रचना की थी। भारतेंदु के प्रहसन 'वैदिकी हिंसा हिंसा न भवति' और 'अंधेर नगरी' में खड़ी बोली पद्य का प्रयोग है। 'अंधेर नगरी' के पाचकवाले का गाना उदाहरण के तौर पर देखा जा सकता है :

चूरन अमल वेद का भारी, जिसको खाते कृष्ण मुरारी।
मेरा पाचक है पचलोना, जिसको खाते श्याम सलोना॥
× × ×
चूरन अमले सब जो खावें, दूनी रिश्वत तुरत पचावें।
चूरन नाटक वाले खाते, इसकी नकल पचाकर लाते॥[1]

'भारत दुर्दशा' में भारतदुर्दैव का गान भी देखा जा सकता है :

अरे,
उपजा ईश्वर कोप से औ आया भारत बीच।
छार खार सब हिंद करूँ मैं तो उत्तम नहीं नीच।
मुझे तुम सहज न जानो जी, मुझे इक राक्षस मानो जी।
कौड़ी-कौड़ी को करूँ मैं सबको मुहताज,
भूखे प्रान निकालूँ इनका तो मैं सच्चा राज॥[2]

भारतेंदु ने प्रयत्न करके पत्र सहित खड़ी बोली की जो कविताएँ 'भारतमित्र' में भेजी थीं, उनसे किसी भी तरह से कमतर ये रचनाएँ नहीं हैं। हालाँकि शिवदान सिंह चौहान कहते हैं कि "भारतेंदु ने खड़ी बोली में पद्य-रचना करनी चाही, किंतु वे सफल नहीं हुए, निर्जीव तुकबंदियाँ ही बन पड़ी हैं।"[3] कठिनाई के बावजूद प्रयत्नपर्वूक की गई भारतेंदु की इन तुकबंदियों का भी पर्याप्त महत्त्व

1. हेमंत शर्मा (सं.), भारतेंदु समग्र, पृ. 531
2. वही, पृ. 462
3. शिवदान सिंह चौहान, हिंदी साहित्य के अस्सी वर्ष, पृ. 58

है। इसी महत्त्व को समझते हुए खत्री ने 'खड़ी बोली का पद्य' के पहले और दूसरे, दोनों भागों में उन्हें शामिल किया। वस्तुतः भारतेंदु द्वारा की गई छिटपुट तुकबंदियाँ भी खड़ी बोली पद्य के समर्थन में उतरे युवा कवियों के प्रोत्साहन के लिए पर्याप्त थीं। यह उन तुकबंदियों का ऐतिहासिक महत्त्व था।

बाबू लक्ष्मी प्रसाद, राय सोहनलाल, बाबू महेश नारायण, गोविंद चंद्र सिंह, पंडित बिहारी लाल चौबे, पंडित चंद्रशेखरधर मिश्र, पंडित अंबिकादत्त व्यास, टेकनारायण, श्रीधर पाठक आदि प्रमुख कवि हैं, जिन्होंने 19वीं सदी में खड़ी बोली में पद्य रचना का आरंभ करते हुए उसे समृद्धि प्रदान की। इन सबसे पहले इंशा अल्ला खां ने अपनी कहानी 'रानी केतकी की कहानी' में खड़ी बोली के पद्य रचे थे। 'रानी केतकी की कहानी' के खड़ी बोली के पद्यों को राजा शिवप्रसाद 'सितारेहिंद' ने अपनी पाठ्यपुस्तक 'गुटका' में स्थान दिया और खत्री ने 'खड़ी बोली का पद्य' (पहला भाग) में भी। 'रानी केतकी की कहानी' के पद्य का एक उदाहरण द्रष्टव्य है :

रानी को बहुत सी बेकली थी।
कब सूझती कुछ बुरी भली थी॥
चुपके चुपके कराहती थी।
जीना अपना न चाहती थी॥[1]

'रानी केतकी की कहानी' पुरानी दास्तानों के ढंग पर लिखी गई कहानी है। इसकी कविताओं की भाषा भले ही हिंदी हो, लेकिन वस्तु के स्तर पर नयापन नहीं है। वही प्रेम और विरह जिसमें चमत्कार का पूरा समावेश है।

खड़ी बोली काव्य में राष्ट्रीयता और यथार्थवाद का स्पष्ट उद्‌भव सन् 1876 ई. में हुआ, जिसका श्रेय मानपुरा, मुजफ्फरपुर के कवि लक्ष्मी प्रसाद को है। 6 दिसंबर, 1876 ई. को 'बिहार-बंधु' में इनकी कविता प्रकाशित हुई। इस कविता में देश माता को संबोधित करते हुए लक्ष्मी प्रसाद का मार्मिक कथन है :

हाय छन न विसरता है तेरा दुख मन से,
ले गया कौन बदल सोने के घर को वन से।
किस लुटेरे को हुआ राज तेरे अन धन से,
कौन-सा रोग गया, तुझ में समा, यों सन से।
आर्यावर्त! तू क्यों करती है, दिन रात विलाप,
कौन से क्रूर हृदय ने, ये, दिया है संताप।[2]

1. शिवपूजन सहाय और नलिन विलोचन शर्मा (सं.), अयोध्या प्रसाद खत्री स्मारक ग्रंथ, पृ. 120
2. वही, पृ. 166-167

राष्ट्र के स्वर्णिम अतीत की ओर दृष्टिपात कर लक्ष्मी प्रसाद ने वर्तमान अंधकार का सटीक वर्णन किया है। उन्होंने देश की दुर्दशा का हृदयस्पर्शी चित्र खींचा है :

जहाँ मंदिर, थे, खड़े वां प' हैं काँटे उपजे,
बस्तियाँ, बस गईं शृगाल, खर और सूकर से।
यां कि लोगों की दशा, कैसी थी, क्या कोई कहे,
लेखनी का हिया, फट जाय, जो लिखने बैठे।
आठ पख उनका असह दुख देख घटा रोती है,
सूर्य को ताप-ग्रसित छिन्न छटा होती है।[1]

डॉ. रामनिरंजन परिमलेंदु बिल्कुल ठीक कहते हैं कि "लक्ष्मी प्रसाद ने खड़ी बोली काव्य के इतिहास में एक नवीन अध्याय की रचना की। देशभक्ति के अतिरिक्त युगबोध की अग्निधारा उनके काव्य में प्रवाहित है। उनके राष्ट्रीय काव्य की परंपरा में भारतेंदु हरिश्चंद्र की राष्ट्रीय धारा का उद्‌भव हुआ। काव्य के राष्ट्रीय स्वर का शंख-निनाद, भारतेंदु हरिश्चंद्र के पूर्व, लक्ष्मी प्रसाद ने किया था। समष्टिपरक चेतना और लोक-वेदना से पीड़ित उनके युग-सापेक्ष काव्य के निर्भीक स्वर विशेष महत्त्वपूर्ण हैं। वे खड़ी बोली काव्य में राष्ट्रीयता के प्रथम उद्‌भावक थे।"[2]

लक्ष्मी प्रसाद ने 'योगी' शीर्षक से एक लंबी कविता की रचन भी की। यह एक प्रेम कविता है। मंत्रीपुत्र मुरलीधर और राजकुमारी चंद्रकला की इतिवृत्तात्मक प्रेमकथा इसमें कही गई है। इस कविता पर मध्ययुगीन प्रेम-कथाओं का प्रभाव है। आवेशपूर्ण विरह के बाद संयोगांत इसकी विशेषता है। कथा-क्रम की परिसमाप्ति आकस्मिकता में है। इसमें आधुनिक भाव-बोध का अभाव है। इसकी भाषा में तत्समप्रधान शब्दावली मिलती है। खत्री ने इन्हें पंडित स्टाइल का जनक माना है। लेकिन देशज और ठेठ शब्दों का प्रयोग भी इस कवि ने किया है।

खड़ी बोली के एक कवि **शिवराम पंड्या** हुए। उन्होंने प्रत्यक्षत: खत्री के नेतृत्व में खड़ी बोली आंदोलन में भाग नहीं लिया था, लेकिन उनकी कविताओं में खड़ी बोली का परिमार्जित रूप मिलता है। 'नौकरी' शीर्षक उनकी खड़ी बोली कविता 'हिंदी प्रदीप' में प्रकाशित हुई थी। इस कविता के कुछ टुकड़े उदाहरण के रूप में यहाँ हम देख सकते हैं :

---

1. शिवपूजन सहाय और नलिन विलोचन शर्मा (सं.), अयोध्या प्रसाद खत्री स्मारक ग्रंथ, पृ. 169
2. डॉ. रामनिरंजन परिमलेंदु, भारतेंदु काल के भूले-बिसरे कवि और उनका काव्य, पृ. 330-331

कहता है हर बशर यहाँ अब हाय नौकरी।
ढूँढ़े से अब कहीं नहीं मिलती है नौकरी॥
पहले तो रूपये देकर सब को पढ़ाते थे।
घर घर पै सबके जाकर पढ़ने बुलाते थे॥
कागज कलम किसी को किताबें दिलाते थे।
हर बातों में वे लड़के इनआम पाते थे॥
तब तो बड़ी ही जल्दी से मिलती थी नौकरी।
ढूँढ़े से अब कहीं नहीं मिलती है नौकरी॥

× × ×

गोरे किरानी साहब फिरते हैं मारे मारे।
कौड़ी के तीन तीन हैं इंगलिश के पढ़ने हारे॥
इस नौकरी के लिए ढूँढ़े हैं आफिस सारे।
दै दे के अप्लिकेशन बैठे रहे बेचारे॥
कहते हैं अब तो सब कोई ढोएँगे टोकरी।
ढूँढ़े से अब कहीं नहीं मिलती है नौकरी॥[1]

इस कविता की भाषा नज़ीर अकबराबादी की भाषा के बहुत करीब है। खड़ी बोली कविता का परिष्कृत रूप यह था। 1 अगस्त, 1883 ई., 1 अक्टूबर, 1883 ई. और 1 अक्टूबर-नवंबर-दिसंबर सन्, 1887 ई. की 'हिंदी प्रदीप' में शिवराम पंड्या की क्रमशः 'लावनी', 'गान पारसियों की धुन पर' और 'लावनी', 'छंद पारसियों की ध्वनि का' और 'ठुमरी', खड़ी बोली पद्य में ही है। खत्री द्वारा वे उपेक्षित भले ही रहे, लेकिन खड़ी बोली के समर्थ कवि और समर्थक थे। 'हंटर रिपोर्ट' को लक्ष्य करके उन्होंने अनेक लावनियाँ और ग़ज़लें लिखीं। उनकी एक लावनी की कुछ पंक्तियाँ हैं :

हंटर ने जो हिंदी को हंटर मारा।
बस टूट गया दिल टुकड़े हुआ हमारा॥

× × ×

हिंदी के लिए हम तन मन अरपन वारें।
नहीं किसी भाँति से हिम्मत हम हारें॥
फिटकार है उन पर जो दुर्दशा निहारें।
नहीं करते इसमें मदत उन्हें धिक्कारें॥
शिवराम विनय करता है दास तुम्हारा।
बस टूट गया दिल टुकड़े हुआ हमारा॥[2]

---

1. हिंदी प्रदीप : 1 अगस्त, 1879 (जिल्द 2, संख्या 12), पृ. 10
2. भारत जीवन, 26 मई, 1884 ई.

'भारत जीवन' के संपादक रामकृष्ण वर्मा ने 'भारतमित्र' में छपी इस लावनी को पुनः छापते हुए कहा कि "इसे कविता कहते हैं।" शिवराम पंड्या के लिए डॉ. रामनिरंजन परिमलेंदु लिखते हैं कि "खड़ी बोली आंदोलन के क्रम में उनका नामोल्लेख नहीं किया गया। खड़ी बोली कवि शिवराम पंड्या अथवा शिवराम पंडित का उल्लेख हमारे पूर्ववर्ती किसी अनुसंधाता ने नहीं किया।"[1] लेकिन 'खड़ी बोली का आंदोलन' के अध्येता एवं शोधकर्ता डॉ. शितिकंठ मिश्र ने 'खड़ी बोली आंदोलन की पूर्व पीठिका (पद्य)' अध्याय में आंदोलन-पूर्व खड़ी बोली की पद्य रचना की चर्चा करते हुए शिवराम पंड्या का उल्लेख किया है। पंड्या की भाषा बहुत जानदार है। यथार्थवादी रुझान उनकी कविताओं में भी दिखाई देता है।

खड़ी बोली खत्री मंडल के सबसे महत्त्वपूर्ण कवि **महेश नारायण** हुए। श्रीधर पाठक के ही समकालीन महेश नारायण अत्यंत प्रतिभाशाली कवि थे लेकिन आज उनकी मात्र एक कविता 'स्वप्न' उपलब्ध है। इसी कविता को हम खड़ी बोली की पहली आधुनिक कविता मान सकते हैं। खत्री ने इसे मुंशी स्टाइल के अंतर्गत रखा है और कहा है कि "बाबू महेश नारायण ने 'स्वप्न' निराले छंद में लिखा है।"[2] 'स्वप्न' काव्य-वस्तु, संवेदना एवं शिल्प– तीनों स्तर पर तत्कालीन कविताओं में भिन्न है। 'निराला' ने जिस मुक्त छंद को स्थापित किया, उस 'मुक्त छंद' में विरचित यह पहली कविता है। 'स्वप्न' कविता का धारावाहिक प्रकाशन 13 अक्टूबर, 1881 ई. से शुरू होकर 20 अक्टूबर, 27 अक्टूबर, 3 नवंबर, 10 नवंबर, 17 नवंबर, 1 दिसंबर और 15 दिसंबर तक के 'बिहार-बंधु' में हुआ। 19वीं शती में खड़ी बोली में इतनी लंबी कविता और किसी ने नहीं लिखी है। इस कविता की विस्तृत चर्चा अगले अध्याय में की जाएगी।

खड़ी बोली पद्य के लिए हुए आंदोलन का विरोध करने वाले पंडित राधाचरण गोस्वामी ने खड़ी बोली में काव्य-रचना की है। सन् 1879 ई. में मुंबई में हुए थियोसोफिकल सोसाइटी के सदस्यों को लक्ष्य कर उन्होंने 'अमेरिका वालों से सम्मिलन' शीर्षक एक कविता लिखी जो खड़ी बोली में है। सन् 1883 ई. में उनके द्वारा रचित 'श्रीमती भारतेश्वरी का हिंदी में कल्याण गान' भी खड़ी बोली में है। उनके नाटक 'भंग-तरंग' में छूछू चौबे उस्ताद का निम्नलिखित कथन भी द्रष्टव्य है :

टाँगे लथरा लई चमड़ी पे बड़े दाग हुए
वालहल हलके सुआपालक कैसे साग हुए।

---

1. डॉ. रामनिरंजन परिमलेंदु, भारतेंदु काल के भूले-बिसरे कवि और उनका काव्य, पृ. 315
2. अयोध्या प्रसाद खत्री स्मारक ग्रंथ, पृ. 87

गिर पड़े फल जो खिजूरी की तरह सूख सूख
पिच गये गाल बबूले की तरह दूख दूख।[1]

पुनः उसी वर्ष प्रकाशित गोस्वामी की 'बड़ी तातील' शीर्षक कविता भी खड़ी बोली की कविता है। यह खत्री के वर्गीकरण में मौलवी स्टाइल के अंतर्गत आ सकती थी लेकिन खत्री ने इसकी उपेक्षा की। 'बड़ी तातील' की कुछ पंक्तियाँ द्रष्टव्य हैं :

इलाही अदालत को रक्खे अबाद।
जहाँ हम निकम्मों को मिलती मुराद
कचहरी भवानी कचहरी तु चेत।
किसी मालवर को चबा बीच खेत।
आँख का अंधा गांठ का पूरा।
कोई आ जाय मेरे पंदे में।।[2]

गोस्वामी ने अनेक लावनियाँ भी खड़ी बोली हिंदी में रचीं। 'ग़ज़ल चहारूम-हिंदी ज़ार-ज़ार रोती' शीर्षक कविता भी खड़ी बोली में ही है :

हिंदुओं में मेरा कोई भी मददगार नहीं।
जिंदगी ख्वार है दिल को जरा करार नहीं।।[3]

ऐसी कविताएँ लिखने वाले गोस्वामी खड़ी बोली पद्य के सर्वाधिक मुखर विरोधी क्यों हो गए, यह विचारणीय तथ्य है।

खड़ी बोली पद्य के दूसरे आलोचक पंडित प्रताप नारायण मिश्र ने भी 1884 ई. में अपने पत्र 'ब्राह्मण' में विद्वत् समाज से खड़ी बोली में काव्य-रचना का अनुरोध करते हुए स्वयं भी कविता की थी जो 15 जून, 1884 ई. को 'ब्राह्मण' में ही छपी थी। यह उनकी पहली खड़ी बोली हिंदी कविता थी, जिसका शीर्षक था : 'चाहो गाना समझो चाहो रोना समझो'। कविता इस प्रकार है :

चाहो गाना समझो चाहो रोना समझो।
अब तो तुम्हारे बिना प्रभो! नहिं और कोई सहाय है।
सब भांति भारत देश हा! असमर्थ है अनुपाय है।।
द्विज वृंद अक्षर हीन है महिपाल पर बश दीन हैं।
हत द्रव्य वैश्य मलीन हैं व्यय है परंतु न आय है।।

---

1. राधाचरण गोस्वामी, भंगतरंग, पृ. 92
2. भारतेंदु मासिक : 16 अक्टूबर, 1883 ई. (पुस्तक 1, अंक 7) पृ. 112-114
3. भारतेंदु मासिक : 5 सितंबर, 4 अक्टूबर, 3 नवंबर, 1884 (पुस्तक 2, अंक 6, 7, 8)

धन सब प्रकार से हमको दो चरण प्रहार सहा करो।
निज भाषा तक को भी बैठा दो यह राजवंश का न्याय है॥
विधवा विपत्ति में रोती है गऊ प्राण दुःख से खाती है।
जनता हत प्रभु होती है, नहिं इसका कोई उपाय है॥
धनवान मत्त प्रसाद में पड़े लोग वाद विवाद में।
पड़े राबै देश विषाद में सुनता नहीं कोई हाय है॥
पहिचानते नहिं स्वप्न को रहे खो सब अपने महत्त्व को।
बिन जाने प्रेम के तत्त्व को सर्वस्व नष्टप्राय है॥
जो बिचार कीजेगा पाप का जो नहीं ठिकाना प्रताप का।
यह समझिए आश्रित आप का बहा शोक सिंधु में जाय है॥
बिवादी बढ़े हैं यहाँ कैसे-कैसे
'कलाम आते हैं दर्मियाँ कैसे-कैसे॥
जहाँ देखिए म्लेक्ष सेना के हाथों।
'मिटे नामियों के निशां कैसे-कैसे॥
बने पढ़े के गौरंड भाषा द्विजाती।
'मुरीदाने पीरे मुगां कैसे-कैसे॥
बसो मूखर्ते! देवि! आर्यों के जी में।
'तु हमारे लिए हैं मकां कैसे-कैसे॥
अनद्योग आलस्य संतोष सेवा।
'हमारे भी हैं मिहरवां कैसे-कैसे॥
न आई दया दुष्ट गो भक्षियों को।
'तड़पते रहे नीमजां कैसे-कैसे॥
विधाता ने यां मक्खियाँ मारने को।
'बनाए हैं खुशरूं जवां कैसे-कैसे॥
अभी देखिए क्या दशा देश की हो
'बदलता है रंग आसमां कैसे-कैसे॥
है निर्गंध इस भारतीय बाटिका के
'गुलो लालः ओ अरगवां कैसे-कैसे॥
हमें बुह सुखद हाय भूला है जिसने।
'तवाना किये नातवां कैसे-कैसे॥
प्रताप अपनी होटल में निर्लज्जता के।
'मजे लूटती है जबां कैसे-कैसे॥[1]

1. ब्राह्मण, 13 जून, 1884 (खंड 2, संख्या 4), पृ. 6

मिश्र की प्रेम लावनियों के संग्रह 'मन की लहर' में भी खड़ी बोली अत्यंत परिमार्जित रूप में प्रयुक्त हुई है, जैसे :

वह कटिल अलक का कपोल पर लहराना।
हँसने के समय गालों में गढ़े पड़ जाना।।[1]

मिश्र ने पहले तो खड़ी बोली में पद्य रचना की, साथ ही, पद्य की रचना का आह्वान भी किया। लेकिन बाद में, खड़ी बोली के पद्य के विरुद्ध लेख लिखे।

पटना निवासी **राय सोहनलाल** को खत्री ने खड़ी बोली पद्य (पहला भाग) में 'मुंशी स्टाइल' के कवि के रूप में स्थान दिया है और उनकी कविताएँ शामिल की हैं। उनकी कविता 'हिंद में सतयुग समाँ' में भारत के गौरवशाली अतीत का चित्रण हुआ है। 'पतंग' शीर्षक कविता में पतंग के माध्यम से जीवन की विभिन्न स्थितियों के उतार-चढ़ाव को दिखाया गया है। 'पतंग' की मुख्य वृत्ति सीधी उपदेशात्मकता है जो काव्य-कला की दृष्टि से श्रेष्ठ नहीं है। 'सोने और ढोल की दो-दो बातें' नीति कथा की परंपरागत प्रणाली पर है। इसमें सोना और ढोल की तुलना की गई है, जो व्यापक आयाम लिये हुए है। इस तुलना के क्रम में सोने को ढोल की अपेक्षा विशेष, श्रेष्ठ, उपयोगी और आदर्श घोषित किया गया है। कवि के शब्दों में :

क्या जाने जहान में क्या अच्छा?
सोने से कौन है और सच्चा?
जो रंग है बस कभी न छूटे।
नरमी से दबे कभी न छूटे।
जीवट का जो देखिए कड़ा है।
भारी है भरा है और खरा है।
सबकी पड़े आग में उछल कर।
चक्कर बड़े खावे बस पिगल कर।
सौ आँच से बस निकल गया है।
हाँ, सच को जहाँ में आँच क्या है?[2]

इस नीतिपरक कविता में अभिव्यंजना का चमत्कार ज्यादा है। भाषा भी चुस्त है। 'चाँदनी का समाँ और उसके नूर की झलक' प्राकृतिक सौंदर्य-चित्रण का काव्य है। प्रकृति के अनुपम सौंदर्य में कवि ने 'नूर की झलक' देखी है। 19वीं सदी में खड़ी बोली पद्य के शैशव काल में प्रकृति-चित्रण की यह श्रेष्ठ कविता है। कुछ पंक्तियाँ द्रष्टव्य हैं :

वही चाँद पेड़ों के पीछे उगा।
उठा लाल सा जगमगाता हुआ।

---

1. प्रताप नारायण मिश्र, मन की लहर, पृ. 16
2. अयोध्या प्रसाद खत्री स्मारक ग्रंथ, पृ. 127-128

वह किरनें जो फूटी अजब लाल लाल।
था पेड़ों में एक जगमगाहट का लाल।
गुलाबी सा जाड़ा वह ठंडी हवा।
वह नीलम सा आकास निखरा हुआ।
कनी रेत की वह दमकती हुई।
वह चाँदनी सी मट्टी चमकती हुई।
वह पत्तों में छन छन गिरे चाँदनी।
जमीं धूप छाँह की सी चादर बनी।
थे लहरों में एक चाँद के लाख चाँद।
जिन्हें देख के धूप हो जाय माँद।
या लहरों में एक झिलमिलाहट का जाल।
बिछा दूर तक जगमगाहट का जाल।[1]

इस कविता में मात्र प्रकृति के बाह्य सौंदर्य का ही चित्रण नहीं किया गया है, बल्कि उसके भीतर की अलौकिकता को भी 'नूर' कहते हुए पहचानने की कोशिश की गई है। कवि मात्र प्रकृति की रमणीयता नहीं, उसकी आध्यात्मिकता की भी पहचान करता है :

यह करतार का देख करतब जरा।
उठी लहर बम दिल तड़पने लगा।
यह सूझी कि ये सब उसी का है काम।
लिखा चाँद सूरज पै है जिसका नाम।[2]

पटना के ही **श्री गोविंदचंद्र सिंह** भी उस समय खड़ी बोली में काव्य-रचना कर रहे थे। मासिक पत्रिका 'धर्म सभा' में सन् 1881 ई. में प्रकाशित 'प्रार्थना' शीर्षक कविता उनकी महत्त्वपूर्ण कविता है। उन्होंने मुख्यत: भक्तिपरक काव्य ही रचा। 'प्रार्थना' की कुछ पंक्तियाँ हम उदाहरण के तौर पर देख सकते हैं—

है निर्विकार, निर्विहार, नित्य सत्य
सनातन, इस चरणाश्रित अनुगत
प्रपन्न प्रार्थी पर प्रसन्न हूजिए।
मैं आपका निर्मल नियम अतिक्रम
कर, बार बार केवल नाना प्रकार
का व्यतिक्रम करता हूँ मेरा।[3]

---

1. अयोध्या प्रसाद खत्री स्मारक ग्रंथ, पृ. 128-129
2. वही, पृ. 130
3. डॉ. रामनिरंजन परिमलेंदु, भारतेंदु काल के भूले-बिसरे कवि और उनका काव्य, पृ. 352

स्पष्टत: इस कवि में कवित्व-गुण का अभाव-सा है। कविता में गद्यात्मकता का आग्रह ज्यादा है। आत्म-निवेदन और आत्म-समर्पण की भक्तिपरक भावाभिव्यक्ति के लिए और खड़ी बोली में भक्तिपरक रचनाओं के लिए उनका उल्लेख किया जा सकता है। जिस समय में भक्ति, शृंगार आदि भावों की अभिव्यक्ति खड़ी बोली में असंभव मानी जा रही थी, उस समय गोविंदचंद्र सिंह ने भक्तिपरक रचनाएँ कीं, यही उनका सबसे बड़ा महत्त्व है।

पंडित बिहारी लाल चौबे ने पौराणिक आख्यानकों को लेकर खड़ी बोली में काव्य रचा। उनका काव्य भी खड़ी बोली का भक्तिपरक काव्य है। 7 जून, 1888 ई. को 'बिहार-बंधु' में प्रकाशित 'परमेश्वर के दश अवतार' और सन् 1900 ई. में 'बिहार-बंधु' में ही धारावाहिक रूप से प्रकाशित 'नरसिंह अवतार' कविताएँ इसी दृष्टि से महत्त्वपूर्ण हैं। अक्टूबर, 1893 ई. में 'बिहार-बंधु' में ही प्रकाशित उनकी 'काशी वासाष्टकं' भी भक्तिपरक खड़ी बोली की कविता है। चौबे की कविता में भक्त कवियों-सा आत्मनिवेदन और समर्पण दिखता है। डॉ. रामनिरंजन परिमलेंदु लिखते हैं– ''बिहारी लाल चौबे की 'नरसिंह अवतार', 'वामनावतार', 'परशुरामावतार' कविताएँ भाषा की दृष्टि से विलक्षण हैं। एक ही कविता में ब्रजभाषा और खड़ी बोली का सफल व्यवहार किया गया है। स्थिति विशेष का संदर्भ देकर ब्रजभाषा का प्रयोग किया गया है। कविता खड़ी बोली में है। खड़ी बोली गद्य का प्रयोग भी कविता में किया गया है। यह मिश्रित कविता है।''[1] चौबे की कविता 'नरसिंह अवतार' से खड़ी बोली में रचित कवित्त का एक उदाहरण देखें :

जल थल अचल शिखर अग्नि में देख हरी ने बचाया है।
अस्त्र शस्त्र पुनि हलाहल से मारण मंत्र हटाया है।
ऐसा करम किया नहिं मैंने जाते यो फल पाया है।
निश्चय मेरे प्रभु विष्णु को दीन त्राण मन भाया है।[2]

पंडित अंबिकादत्त व्यास का काव्य प्रमुख रूप से ब्रजभाषा में है तथापि खड़ी बोली में भी उन्होंने कुछ रचनाएँ की हैं। उनके द्वारा रचित खड़ी बोली कविता में गोपियों की भक्ति, कृष्ण का बाललीला प्रसंग, जीवन और संसार की क्षणभंगुरता और निस्सारता, राम भजन की प्रेरणा, कंस का कपट, श्रीकृष्ण द्वारा मल्लों की पराजय, मृत्यु की अनिवार्यता आदि के संकेत मिलते हैं। उनकी खड़ी बोली कविता का एक उदाहरण निम्नलिखित है :

नारद बजाते बीना गाते हैं जिसी का गीत
जिस का वो वेद भेद कुछ भी न पाता है।

---

1. डॉ. रामनिरंजन परिमलेंदु, भारतेंदु काल के भूले-बिसरे कवि और उनका काव्य, पृ. 357
2. वही, पृ. 357

जिसके इशारे से जहान यह पैदा हुआ चारों
ओर सूरज और चाँद मँडराता है।
अंबादत्त जिस भरोसे रहता है सदा
भगतों को जो ही सब दु:खों से बचाता है।
वही आज देखो चुचकार मार प्यार कर
ऐयो ऐयो बोल बोल बच्छों को चराता है।[1]

व्यास 'अंबादत्त' उपनाम से कविता करते थे। खड़ी बोली की कविताओं में उन्होंने अपने ब्रजभाषा काव्य के विपरीत शृंगारिकता को स्थान नहीं दिया, जबकि खड़ी बोली की रचनाओं में भी ब्रजभाषा काव्य की ही तरह 'अंबादत्त' उपनाम ही रखा। खड़ी बोली में दार्शनिक चिंतनपरक रचनाएँ उन्होंने कीं और खड़ी बोली के आरंभिक चरण में काव्य के आयाम और परिवेश में परिवर्तन किया और विस्तार भी दिया।

पटना के **टेकनारायण प्रसाद 'मंगल कवि**' की कविता 'बिहार विभव' का प्रथम प्रकाशन अक्टूबर-नवंबर, सन् 1894 ई. में 'बिहार-बंधु' में 'बिहार प्रदेश का वर्णन' शीर्षक से हुआ। इसके कवि का नाम मात्र 'टेकनारायण' दिया हुआ है। इस कविता का पुस्तकाकार प्रकाशन सन् 1895 ई. में 'बिहार विभव' नाम से हुआ। इसमें कवि का नाम टेकनारायण प्रसाद 'मंगल कवि' है। इसके अतिरिक्त पाठ संशोधन भी कहीं-कहीं किया गया है। 'बिहार विभव' प्रादेशिक गरिमा की कविता है। इसमें बिहार के प्राचीन गौरव का प्रकाशन हुआ है। प्रदेशीय गौरव मूलत: राष्ट्रीय गौरव का ही एक रूप होता है। पौराणिक, ऐतिहासिक और सांस्कृतिक तथ्यों के सुविस्तृत आयामों से समृद्ध इस कविता में कवि ने बिहार प्रदेश के गौरवपूर्ण अतीत के सभी आयामों को उद्घाटित किया है और इस बहाने देशोन्नति, राष्ट्रीय जागरण, राष्ट्र की चिंता आदि को अभिव्यक्त किया है। बिहार के अतीत का गौरव-गान करती यह संभवत: पहली कविता है। डॉ. रामनिरंजन परिमलेंदु ने बिल्कुल ही ठीक पहचाना है कि "यह प्रदेशीय निष्ठा और गरिमा से परिपूर्ण वस्तुत: एक राष्ट्रवादी काव्य है।"[2]

'बिहार विभव' के उद्देश्य के संबंध में कवि ने यह स्पष्ट घोषणा की है- "बिहार विभव लिखने का प्रधान उद्देश्य यह है कि देश के निवासी लोग अपने देश के प्राचीन गौरव को जानकर देश की उन्नति के लिए कटिबद्ध हों और प्राचीन समय में बिहार देश क्या था और अब क्या हो गया, इस विषय की प्रगाढ़ चिंता का आविर्भाव बिहारियों के मन में हो जाये।"[3] इस कविता के

1. बाबू रामदीन सिंह (सं.), हिंदी साहित्य, प्रथम भाग, वही, पृ. 118
2. डॉ. रामनिरंजन परिमलेंदु, भारतेंदु काल के भूले-बिसरे कवि और उनका काव्य, पृ. 361
3. वही, पृ. 361

विभिन्न संदर्भ-स्रोतों के स्पष्टीकरण के लिए कवि ने पाद-टिप्पणियों का प्रयोग किया है। पाद-टिप्पणियों का प्रयोग खड़ी बोली कविता के इतिहास में इसी कविता में पहली बार हुआ है। इस कविता के आरंभ में कवि का कथन है :

धर्म कर्म मर्याद और बल का जिसके सव गुण गावे।
बड़ा देश है बिहार प्यारे! सब देश इसको सिर नावे।

× × ×

इसी देश में बसे पहले सांख्य का प्रादुर्भाव हुआ,
वेदांत का भी, ज्ञानियों के हित प्रस्तुत नाव हुआ।
बड़े बड़े ऋषि मुनि सीख गये यहीं से जिनको चाव हुआ,

× × ×

आदि काव्य का, बहुत के मत से यही प्रगटाव हुआ।
पुण्य भूमि है गया यहाँ जिसकी महिमा जग छाय रही,
समान जिसके, जगत में कोई दूसरा क्षेत्र नहीं।
पूर्व पुरुष तारन के खातिर यही विख्यात मही,
सब के पुरुषे, तरें तुरत जो पिंड पुत्र दे आय यहीं।
इसके पुरषा कोई का उद्धार नर्क से नहिं पावे,
बड़े गौरव का, बिहार है यह सब देश इसको सिर नावे।[1]

इसमें कवि बिहार का भौगोलिक दिशा-निर्देश करने के पश्चात् विभिन्न विस्मृत अथवा ज्ञात प्रकाश बिंदुओं में प्राचीन बिहार के विभिन्न गौरवपूर्ण आयामों का स्पर्श करता है। यहाँ कवि का अतीत-चिंतन लोक जागरण के लिए हुआ है। स्वर्णिम अतीत के पुनः स्मरण के द्वारा वह बिहारियों में स्वत्व की चेतना जगाना चाहता है। बिहारी सब ओर से हीन माने जाते थे, ऐसी दशा में कवि ने अतीत से शक्ति संचित करके वर्तमान को सृजित करने की आस्था दिखाई है।

"चंपारन के प्रसिद्ध विद्वान और वैद्य पंडित चंद्रशेखरधर मिश्र...संस्कृत के अतिरिक्त हिंदी में बड़ी सुंदर और आशु कविता करते थे। मैं समझता हूँ कि हिंदी साहित्य के आधुनिक काल में संस्कृत वृत्तों में खड़ी बोली के कुछ पद्य पहले-पहल मिश्र जी ने ही लिखे।"[2] **पंडित चंद्रशेखरधर मिश्र** ने खड़ी बोली काव्य में वसंत ऋतु के मार्मिक चित्रण के अतिरिक्त युगीन यथार्थपरक चित्र

1. बिहार-बंधु, अक्टूबर-नवंबर, 1884 (भाग 23, नवंबर 10-11), पृ. 33-37
2. आचार्य रामचंद्र शुक्ल, हिंदी साहित्य का इतिहास, पृ. 324-325

भी उभारे। उन्होंने धार्मिक नगरों पर भी कविताएँ कीं। मिश्र ने आयुर्वेद-काव्य अथवा अदुंबर काव्य की रचना की थी। वे समाज-सुधारक थे। उन्होंने अपनी कविताओं में समाज के यथार्थ का मार्मिक चित्रण किया है। वे काव्यभाषा के लिए हुए आंदोलन में खड़ी बोली के पक्षधर थे। खड़ी बोली के समर्थन में उन्होंने 1891 ई. में निर्भीक स्वर में कहा– "संसार में जितनी सभ्य भाषाएँ हैं, प्राय: सभी में गद्य और पद्य (Prose & Poetry) होते हैं और पद्य न होने से उस भाषा में पूर्ण माधुरी नहीं आती परंतु यह अभागिनी हिंदी का ही भाग्यदोष है कि बिना ब्रजभाषा के विशुद्ध हिंदी में कविता नहीं हो सकती वा ठीक नहीं हो सकती। हिंदी के इस बड़े भारी कलंक को दूर करने के लिए सभी हिंदी के हितैषियों का कर्तव्य है कि वे विशुद्ध हिंदी में कुछ कविता भी दिखलावें...।...चाहे इसमें ब्रजभाषा ही को कविता में अधिक अधिकार पाने के कारण अभ्यास विरुद्ध होने से नीरस बोध हो परंतु थोड़े ही दिनों में इस खड़ी बोली में कविता का अभ्यास हो जाने से वह अधिक सरस बोध होने लगेगी।"[1]

हिंदी के ऐसे हितैषी ने खड़ी बोली में उत्तम श्रेणी की रचनाएँ भी कीं। रोला नरेंद्र छंद, सवैया में रचित 'अयोध्या' उनकी एक दुर्लभ कविता है। किसी नगर, विशेषकर धार्मिक नगर, पर रचित यह खड़ी बोली की पहली कविता है। इस कविता से कुछ पंक्तियाँ द्रष्टव्य हैं :

रोला छंद : सब कुछ पुरियों में अवधपुरी अति सुंदर राजै।
बासी देवी देव सरिस जिसके छवि छाजै।।
धवल धार सरयू की जिसने यों धारी है।
मुक्ति कामिनी के तनुजनु शुभशित सारी है।।
धाम धाम सुरधाम बने सुंदर यों सोहैं।
सब ही ज्यों सुरधाम आये भूतल मन मोहैं।।
गुन गन से अतिह मोहि मोहि मानों सुदेव गन।
बसे आय भूमध्य तजे नहिं, जिसे एक छन।।[2]

मिश्र की काव्य-पुस्तक 'वासंती' अत्यंत दुर्लभ काव्य-रचना है। इसके माध्यम से खड़ी बोली कविता को नई दिशा प्राप्त हुई। कवित्त, चौपैया छंद, बसंत तिलका छंद, मालिनी छंद, सवैया, चौपाई, वसंस्थ, छंद, रोला छंद, और प्रहर्षिणी छंद आदि में 'वासंती' की कविताएँ खड़ी बोली के आरंभिक इतिहास नें इसलिए महत्त्वपूर्ण हैं कि तब माना जाता था कि इन भाषा छंदों में खड़ी बोली की रचना

1. विद्याधर्म दीपिका : अप्रैल-मई, 1891, चैत्र-वैसाख विक्रम् संवत् 1948 (खंड 3, संख्या 1, 2) भूमिका
2. डॉ. रामनिरंजन परिमलेंदु, भारतेंदु काल के भूले-बिसरे कवि और उनका काव्य, पृ. 364

सुगम नहीं होगी। अगर होगी भी तो सरस नहीं होगी। मिश्र ने सामाजिक विसंगतियों और कुरीतियों का चित्रण इन छंदों में सफलतापूर्वक किया है। उनके काव्य में जनता का दु:ख-दैन्य समाया हुआ है। 'वासंती' से कुछ उदाहरण देखे जा सकते हैं :

ऋषियों ने आनंद हेतु होलिका बनाई।
गाने और बजाने से भी जन सुखदायी॥
पर अब तो उलटा ही फल देखा जाता है।
जिसमें अधिक अधिक दिन दिन सब दुख पाता है॥

× × ×

कहीं वृद्ध और युवक बाल गाते कबीर हैं।
जो गाली गलौज बकने में ही कबीर हैं॥
और मूरखता के प्रचार में अधिक वीर हैं।
हाय बुराई ही के साखी अब कबीर हैं॥

× × ×

बहुत असभ्य रीति से गाली भी गाते हैं।
करते बेइज्जत जो नारी नर पाते हैं॥

× × ×

कोई भाँग पीकर रहा है बक कोई गिरे,
भूपर तो उपर से जल को गिराता है।
कोई मतवाला गिरा ताड़ी से अचेत,
कोई गाली बकने से मनमाना मार खाता है॥
कोई पी शराब लड़ झगड़ रहा है कहीं,
मुँह बाय गिरता अचेत मदमाता है।
जान उची जगह सुभाव से उठाया टाँग,
मुँह में अनेक बार कुत्ता मूत जाता है॥[1]

× × ×

अन्न नहीं होता है खाने भर को भी अब।
तिस पर भी मुँह बाय लुटेरे दौड़ रहे सब॥
मालगुजारी टिक्कस से जो शेष रहे बच।
दूने सूद बढ़ाय महाजन लेते हैं सच॥
नहीं मिले तो प्यादे करते खूब तंग हैं।

---

1. डॉ. रामनिरंजन परिमलेंदु, भारतेंदु काल के भूले-बिसरे कवि और उनका काव्य, पृ. 367-368

पीट पीट कर भी बहुधा फोड़ते अंग हैं॥
पूर्व समय में एक कमाते घर भर खाते।
अब तो सभी कमाते पर भूखों रह जाते॥
नोन मिला तो दाल नहीं खाने पाते।
कभी कभी तो निराहार व्रत से रह जाते॥
दिन दिन आय अकाल काल के सम मुँह बावै।
मारी और शीतला पकड़कर इन्हें सतावै॥[1]

पं. चंद्रशेखरधर मिश्र की इन काव्य-पंक्तियों के उदाहरण से हम कह सकते हैं कि उनकी कविताओं में अपने समय व समाज की चिंता है। एक तरफ तो वे होली आदि पर्वों के वर्णन के द्वारा समाज में आ रही सांस्कृतिक गिरावट का चित्रण करते हैं, दूसरी तरफ औपनिवेशिक शासन में हो रही आर्थिक बदहाली का। भारतीय कृषक की दीन-हीन दशा का चित्रण भी 'वासंती' संग्रह में मिलता है। मिश्र ठीक लिखते हैं कि 'वे भारत के सुख के दिन कुछ रहे और ही'। टैक्स के सरकारी तंत्र और महाजनों के ऋण तंत्र में फँसे किसानों को भरपेट भोजन तो मिल नहीं पाता था, सुख के सरंजाम क्या मिलते! विवाहादि कार्यों में होने वाले व्यर्थ के धन व्यय (अपव्यय) पर भी उन्होंने ध्यान दिया है। मिश्र की कविता यथार्थपरक है।

खड़ी बोली में 19वीं सदी में ऐसी काव्य-रचना हो रही थी। इसके बावजूद शिवदान सिंह चौहान लिखते हैं कि "भारतेंदु या उनके जीवनकाल में जिन लेखकों ने खड़ी बोली में इक्की-दुक्की तुकबंदियाँ रचीं, उन्हें कविता कहना ठीक नहीं। भारतेंदुकालीन लेखक अधिकतर हिंदी में गद्य और ब्रजभाषा में पद्य रचना करते थे। उनके बाद भी उन्नीसवीं शताब्दी में कोई कवि केवल हिंदी का कवि नहीं हुआ। जिन्होंने भी पद्य रचना की, हिंदी और ब्रजभाषा दोनों में की।"[2] स्पष्टत: ऐसा मानना अनुसंधान की कमी को दर्शाता है। तथ्य यह है कि लक्ष्मी प्रसाद, महेश नारायण, राय सोहनलाल आदि अनेक कवियों ने केवल खड़ी बोली हिंदी में रचना की थी। चौहान की दृष्टि इतनी संकीर्ण नहीं है कि मुंशी स्टाइल के कवियों को हिंदी का कवि नहीं मानें, साथ ही लक्ष्मी प्रसाद तो पंडित स्टाइल के कवि हैं। इसी धारा के कवि **श्रीधर पाठक** को आधुनिक हिंदी कविता में असाधारण महत्त्व प्राप्त है। स्वयं चौहान भी पाठक, नाथूराम शर्मा शंकर, राय देवी प्रसाद 'पूर्ण' को हिंदी कविता के प्रारंभिक कवियों में मानते हैं। पाठक ने हिंदी व ब्रजभाषा दोनों में काव्य-रचना की है। आरंभ से ही हिंदी साहित्य के इतिहास में खड़ी बोली का आदिकवि उन्हें ही मान लिया गया है जिसके

1. डॉ. रामनिरंजन परिमलेंदु, भारतेंदु काल के भूले-बिसरे कवि और उनका काव्य, पृ. 371
2. शिवदान सिंह चौहान, हिंदी साहित्य के अस्सी वर्ष, पृ. 59-60

चलते समस्या होती है। गिरिजा कुमार माथुर ने ठीक पहचाना है– "अधिकतर लोग श्रीधर पाठक को ही खड़ी बोली का आदि कवि मानते हैं। यह बात ऐतिहासिक तथ्यों के अनुकूल नहीं है।"[1] तब भी पाठक का योगदान खड़ी बोली हिंदी कविता के लिए बहुत है। उन्होंने न सिर्फ इसमें काव्य-रचना की बल्कि अयोध्या प्रसाद खत्री के साथ खड़ी बोली कविता आंदोलन में भी भाग लिया। इनकी भाषा-नीति खत्री की भाषा-नीति से भिन्न थी, इसके बावजूद खड़ी बोली को काव्यभाषा का स्थान दिलाने के लिए पाठक ने कई लेख लिखे और वाद-विवाद किया।

राधाचरण गोस्वामी द्वारा संपादित और वृंदावन से प्रकाशित मासिक पत्र 'भारतेंदु' 8 जुलाई, 1884 ई. के अंक में श्रीधर पाठक प्रणीत 'एकांतवासी योगी' का प्रथम प्रकाशन हुआ। इसके पश्चात् 5 सितंबर, 4 अक्टूबर; 3 नवंबर, सन् 1884 ई. के 'भारतेंदु' में ही इसका धारावाहिक प्रकाशन चलता रहा। सन् 1886 ई. में 'एकांतवासी योगी' का पुस्तक रूप में प्रकाशन हुआ। यह ओलिवर गोल्डस्मिथ की प्रसिद्ध रचना 'दि हर्मिट' का खड़ी बोली में पद्यानुवाद है। खड़ी बोली कविता के इतिहास में यह रचना बहुचर्चित रही है। इसके बाद 1889 ई. में गोल्डस्मिथ की ही रचना 'दि डेजर्टेड विलेज' का ब्रजभाषा में पद्यानुवाद पाठक ने 'उजड़ ग्राम' शीर्षक से किया। इसके तीसरे संस्करण की भूमिका में ब्रजभाषा में काव्यानुवाद करने के लिए पाठक ने तर्क दिया है– "...परंतु समय बदल चला था। बूढ़ी ब्रजभाषा का स्थान नवयुवती खड़ी बोली से सत्वर छीना जा रहा था और बहुत कुछ छीना जा चुका था। नवीन युग के नवयुवक उसी की ओर अधिक आबद्ध देखने में आते थे। अब भी अधिकतर वही प्रवृत्ति है। अत: बूढ़ी भाषा की रचना का एक उजड़े हुए गाँव की दशा को इतना शीघ्र प्राप्त हो जाना अस्वाभाविक न था।"[2] पाठक अनेक खड़ी बोली कवियों के विपरीत खड़ी बोली के एकनिष्ठ कवि नहीं थे। वे संभवत: ब्रजभाषा में भी अपनी सिद्धहस्तता दिखला देना चाहते थे। इसलिए ही खड़ी बोली के प्रति प्रेम रखने के बावजूद उन्होंने ब्रजभाषा में भी काव्य-रचना की। 19वीं सदी के खड़ी बोली के अग्रणी कवि के रूप में जब वे ऐसा करते हैं तो इतिहासकार नि:संकोच यह धारणा बना लेते हैं कि खड़ी बोली के कवि ब्रजभाषा एवं खड़ी बोली दोनों के कवि थे।

पाठक के 'एकांतवासी योगी' से कुछ पंक्तियाँ उदाहरण के तौर पर देखी जा सकती हैं :

बहुत दूर एक झारखंड में, गुप्त और अज्ञान निशांत
बनी पर्णशाला योगी की, साधारण अत्यंत एकांत

---

1. संकलन 'मैथिलीशरण गुप्त : एक मूल्यांकन' (नई भाषा में सामाजिकता का पहला स्वर : गुप्त जी, गिरिजा कुमार माथुर), पृ. 87
2. डॉ. पद्मधर पाठक, श्रीधर पाठक ग्रंथावली, खंड 2, पृ. 61

जहाँ शरण पावें संकट में, दुखिया दीन अनाथ।
मान होय भूले भटके का अति श्रद्धा के साथ।[1]

'श्रांत पथिक' (1902 ई.)

सदा संपदा बसौ मेरे उस प्रथम मित्र के घर द्वारे
तदा सकल स्वर्गीय संत रक्षा का हाथ निस दिन धारे
परम सुमग वह धाम जहाँ पाहनु मुदित विश्राम करें
चुके काम से थके साँझ को तपैं आग आराम करें।[2]

साप्ताहिक 'काशी पत्रिका' में 20 अक्टूबर, 1887 ई. को उनकी 'जगत सचाई सार' नामक मौलिक कविता प्रकाशित हुई थी। उसी को खत्री ने 'खड़ी बोली पद्य' (दूसरा भाग) में पंडित स्टाइल के अंतर्गत स्थान दिया है। उसकी कुछ पंक्तियाँ देखी जा सकती हैं :

कहो न प्यारे मुझसे ऐसा– झूठा है यह सब संसार
'थोथा झगड़ा जी का रगड़ा, केवल दुख का हेतु अपार।
चलोगे सच्चे मन से जो तुम निर्मल नियमों के अनुसार
तो अवश्य प्यारे जानोगे सारा जगत सचाई सार।।[3]

सन् 1983 ई. में रचित उनकी कुछ भक्तिपरक कविताएँ भी गौरतलब हैं :

किया चाहिए उसका स्मरन्
कि जिसके चरन् में जगत का शरन्
ये सारा जगत् उसकी करतूत है
नहीं इसमें कुछ भी स्वयंभूत है।[4]

आचार्य रामचंद्र शुक्ल ने लिखा है– "अंगरेजी और संस्कृत दोनों के काव्य साहित्य का अच्छा परिचय रखने के कारण हिंदी कवियों में पाठक जी की रुचि बहुत ही परिष्कृत थी। शब्दशोधन में तो पाठक जी अद्वितीय थे। जैसी चलती और रसीली इनकी ब्रजभाषा होती थी, वैसा ही कोमल और मधुर संस्कृत पद विन्यास भी।"[5] जब आचार्य शुक्ल ही पाठक की भाषा पर बात करते हुए ब्रजभाषा और संस्कृत का उल्लेख कर देते हैं तो ज्यादा कुछ कहने को बचता क्या है! पाठक की खड़ी बोली संस्कृतनिष्ठ, तत्समप्रधान है। इसलिए

1. डॉ. पद्मधर पाठक, श्रीधर पाठक ग्रंथावली, खंड 2, पृ. 43
2. वही, पृ. 97
3. वही, पृ. 127-128
4. वही, पृ. 147
5. आचार्य रामचंद्र शुक्ल, हिंदी साहित्य का इतिहास, पृ. 328

ही खत्री ने उन्हें पंडित स्टाइल के अंतर्गत रखा है। वस्तुत: पाठक की काव्यभाषा सहज सरल हिंदी नहीं है। 19वीं सदी में शिवराम पंड्या और महेश नारायण समेत अनेक कवियों ने खड़ी बोली की जो रवानी अपनी कविताओं में दिखाई है, पाठक की कविता में उसका स्पष्ट अभाव दिखाई देता है। लेकिन भाषायी राजनीति के उस ऐतिहासिक मोड़ पर पाठक की भाषा ज्यादा स्वीकृत हुई। आगे 'छायावाद' की काव्यभाषा भी उन्हीं के नजदीक रही लेकिन बाद में चलकर सहज, प्रवाहमयी हिंदी का चलन बढ़ा। कुछ कविताओं में पाठक ने भी सहज बोलचाल की भाषा अपनाई है और कहना न होगा कि वे कविताएँ ज्यादा सुंदर बन पड़ी हैं। उनकी 'हेमंत' शीर्षक कविता इस दृष्टि से उल्लेखनीय है। सन् 1887 ई. में रचित इस कविता की भाषा बोलचाल की भाषा है और वर्ण्य विषय यथार्थपरक है। इस कविता को हम यहाँ देख सकते हैं :

बीता कातिक मास शरद का अंत है
लगा सकल-सुखदायक ऋतु हेमंत है।
ज्वार बाजरा आदि कभी के कट गये
खल्यान के काम से किसान निबट गये।
थोड़े दिन को बैल परिश्रम से थमे
रब्बी के लहलहे नये अंकुर जमे
जमींदार को मिली उगाही खेत की
मूल ब्याज सब देन महाजन की चुकी
खाने भर को जिस किसान को बच रहा
उसके घर आनंद हर्ष सुख मच रहा।
जिनको कुछ नहिं बचा करम को टो रहे
किस्मत को दे दोष बैठ घर रो रहे
खरीफ के खेतों में अब सुनसान है
रब्बी के ऊपर किसान का ध्यान है
जहाँ तहाँ पर रहट परोहे चल रहे
बरहे जल के चारों ओर निकल रहे
जौ गेहूँ खेत सरस सरसों घनी
दिन-दिन बढ़ने लगी विपुल-शोभा सनी
सुघर सौंफ सुंदर, कसूम की क्यारियाँ
सोआ, पालक आदि विविध तरकारियाँ।[1]

1. डॉ. पद्मधर पाठक (सं.), श्रीधर पाठक ग्रंथावली, पृ. 207

पाठक ने हिंदी को लेकर कुछ ग़ज़लें लिखी हैं। इनकी भाषा मुंशी स्टाइल की हिंदी है। उदाहरण के तौर पर– 'हिंदी प्रदीप' अक्टूबर, 1884 ई. में प्रकाशित 'ग़ज़ल अव्वल' की कुछ पंक्तियाँ देख सकते हैं :

ऐ जान हिंदी, ऐ जान हिंदी, हमारी प्यारी ज़बान हिंदी।
थी हमको पहले उमेद कामिल, ख्याल हंटर को कुछ तो होगा
मगर वु धोखे की टट्टी निकली, गँवाया सारा गुमान हिंदी।

'हिंदी प्रदीप' के अक्टूबर, 1884 ई. के अंक में ही 'ग़ज़ल दोयम', दिसंबर, 1884 ई. में 'ग़ज़ल' (नाचना बी उर्दू का बीच हिंदुस्तान के) आदि रचनाओं में पाठक की भाषा मुंशी स्टाइल के करीब है। 1901 ई. से 1928 ई. के दौरान पाठक ने 'मैना', 'चकोर', 'कोयल', 'कुक्कुटी' (मुर्गी), 'कुक्कुक:', 'तीतर', 'कौआ', 'चील्ह' आदि कविताएँ पक्षियों पर लिखी हैं। इन कविताओं की बोली खड़ी बोली है, परंतु इनका रचना-काल 19वीं सदी की समय-सीमा को लाँघता हुआ है। कहने का तात्पर्य यह है कि पाठक की भाषा मँजते-मँजते बीसवीं सदी के आरंभ में जिस स्तर तक आई, उस स्तर पर 19वीं सदी के उत्तरार्द्ध में ही कई रचनाकार पहुँच चुके थे। यह कहने का मतलब यह नहीं है कि खड़ी बोली कविता के इतिहास में पाठक का महत्त्व नहीं है, अथवा कम महत्त्व है। निश्चय ही उनका महत्त्व बहुत है लेकिन 19वीं सदी के जो रचनाकार अच्छी कविता रच रहे थे, उन्हें भी इतिहास में योग्य स्थान मिलना चाहिए। पाठक का रचना संसार विपुल है, लेकिन महेश नारायण की लंबी कविता 'स्वप्न' खड़ी बोली की रचनाशीलता के जिस मुकाम पर खड़ी है, 19वीं सदी में पाठक की ढेरों कविताएँ मिलकर भी उन आयामों का स्पर्श नहीं कर पा रही थीं।

सामान्य प्रवृत्तियाँ

अभी तक हमने देखा कि 19वीं सदी के उत्तरार्द्ध में खड़ी बोली में काव्य-रचना न सिर्फ आरंभ हो चुकी थी वरन् अच्छी तरह से चल पड़ी थी। इन कविताओं में कुछ सामान्य प्रवृत्तियाँ दिखाई पड़ती हैं, जिनके आधार पर 19वीं सदी की हिंदी कविता का एक समग्र रूप उभरकर आता है। हालाँकि उस समय खड़ी बोली कविता अपने शैशव काल में थी और खड़ी बोली को काव्यभाषा मान लिए जाने के लिए हुए आन्दोलन को छोड़कर किसी भी प्रकार का कोई विशिष्ट काव्यांदोलन नहीं दिखाई पड़ता है– फिर भी कुछ समान विशेषताएँ कई कविताओं को एक धरातल पर खड़ा करती हैं।

देश के अतीत का गौरव-गान 19वीं सदी की खड़ी बोली कविता की एक विशेषता है। लक्ष्मी प्रसाद, राय सोहनलाल, टेकनारायण प्रसाद 'मंगल कवि' आदि की कविताओं में अतीत के गौरव का स्वर्णिम चित्रण हम देख सकते हैं। छायावाद में भारत के अतीत की स्वर्णिम झाँकियों के द्वारा वर्तमान में संघर्ष के आह्वान की जो कविताएँ रची गईं उनकी पूर्वपीठिका हम इन कविताओं में देख सकते हैं। 'महाराणा का महत्त्व', 'पेशोला की प्रतिध्वनि', 'शिवाजी का पत्र', 'यमुना के प्रति' जैसी महान गाथात्मक कविताएँ भले ही उस समय नहीं लिखी गईं, लेकिन प्राचीन गौरव की झलक उन कवियों ने भी दिखाई है। बाबू लक्ष्मी प्रसाद लिखते हैं :

"एक दिन वो थे कि था नाम तेरा ही निकला।
तेरि ही जीत की हर देश में, फिरती थी धजा।
थी न अन धन की कमी, सबहि सब था पूरा।
आँख, जिस ओर को उठती थी, उधर सब कुछ था।[1]

ऐसे दिनों के बदले वर्तमान स्थिति पर कवि दुखी होकर कहता है :

हाय छन न बिसरता है तिरा दुख मन से,
ले गया कौन बदल सोने के घर को बन से।।[2]

राय सोहनलाल ने 'हिंद में सतयुग समां' कविता की शुरुआत ही इस प्रकार की है :

ऐ हिंद! तेरा वह रंग कहाँ है?
पहला सा तेरा वह ढंग कहाँ है?[3]

'मंगल कवि' ने 'बिहार विभव' नामक कविता में बिहार के आध्यात्मिक, पौराणिक, धार्मिक, ऐतिहासिक, सांस्कृतिक, वाणिज्यिक और राजनीतिक गौरवपूर्ण प्राचीनकालीन चित्रों को उपस्थित किया है।

उस समय की कविताओं की दूसरी प्रमुख विशेषता राष्ट्रीयता और यथार्थवादी रुझान है। प्राय: सभी कवियों ने सरकारी औपनिवेशिक शोषण-तंत्र को पहचाना है। एक तरफ भारतेंदु अपनी ब्रजभाषा कविताओं से लेकर नाटकों तक में इस शोषण-तंत्र के खिलाफ खड़े नजर आते हैं, वहीं खड़ी बोली के रचनाकारों ने भी आर्थिक शोषण का चित्रण किया है। भारतेंदु कहते हैं :

---

1. अयोध्या प्रसाद खत्री स्मारक ग्रंथ, पृ. 167
2. वही, पृ. 166
3. वही, पृ. 124

चूरन साहेब लोग जो खाता, सारा हिंद हजम कर जाता।

साथ ही :

भीतर भीतर सब रस चूसै।
हँसि हँसि के तन मन धन मूसै
जाहिर बातन में अति तेज
क्यों सखि सज्जन, नहिं अंगरेज।[1]

लक्ष्मी प्रसाद की कविता में यह पीड़ा सबसे पहले दिखाई देती है :

किस लुटेरे को हुआ राज तेरे अन धन से।
× × ×
लुट गया देश, हुआ नास, धन और सरबस का।[2]

महेश नारायण ने 'स्वप्न' कविता में लिखा है :

रुपये तो यहाँ के यां ही रहते होंगे?
और यां के भले में सर्फ होते होंगे?
वां तो जमा भी नहीं होते, कि हैं कर लेते वह अगोड़ बटाई
हम लोग हमेशा चुप ही रहते हैं वहाँ
और शाज जो पूछा रुपये सब यह जाते हैं कहाँ?
तो कहते हैं वह क़समें खा खा कि हैं करते हम इस्से तुम्हारी भलाई।

देश का धन विदेश के हित में खर्च होने की पीड़ा इन पंक्तियों में व्यक्त है। रूपक की सहायता से भारत के आर्थिक शोषण का मार्मिक चित्र इस कविता में सहज ही खींचा गया है।

पंडित चंद्रशेखरधर मिश्र ने भी अपनी कविता में इस शोषण को उजागर किया है :

अन्न नहीं होता है खाने भर को भी अब।
तिस पर भी मुँह बाय लुटेरे दौड़ रहे सब॥
मालगुजारी टिक्कस से जो शेष बच
दूने सूद बढ़ाय महाजन लेते हैं सच॥[3]

श्रीधर पाठक की कविता में भी यही स्वर सुनाई पड़ता है। उनकी 'हेमंत' कविता की कुछ पंक्तियाँ उदाहरण के तौर पर देखी जा सकती हैं :

1. हेमंत शर्मा (सं.), भारतेंदु समग्र, पृ. 256
2. अयोध्या प्रसाद खत्री स्मारक ग्रंथ, पृ. 166-169
3. डॉ. रामनिरंजन परिमलेंदु, भारतेंदु काल के भूले-बिसरे कवि और उनका काव्य, पृ. 371

जमींदार को मिली उगाही खेत की
मूल ब्याज सब देन महाजन की चुकी

टैक्स, सूद आदि के द्वारा जनता और किसानों के शोषण को उसी समय से खड़ी बोली कविता ने व्यक्त करना शुरू कर दिया। युग की पहचान तब के प्रायः सभी कवियों ने की और उसे काव्य-संसार में स्थान दिया। आर्थिक शोषण खुलेआम किया जा रहा था। इस शोषण से देश की हालत अत्यंत खराब होती जा रही थी। किसानों को खाने-भर को भी नहीं बचता था। इस स्थिति का चित्रण करना प्रबुद्ध रचनाकारों ने अपना दायित्व समझा। खड़ी बोली की आरंभिक रचनाओं में युग दशा की यह चिंता उसे व्यापकता प्रदान करती है।

19वीं सदी की खड़ी बोली की कविताओं की एक अन्य विशेषता है– भाषा के प्रति चेतना। हिंदी भाषा के लिए वह व्यापक संघर्ष का समय था। खड़ी बोली में रचनारत प्रायः सभी कवियों ने खड़ी बोली के लिए आह्वान और आग्रह किया। कई कवियों ने यह कार्य कविता के द्वारा भी किया। शिवराम पंड्या, राधाचरण गोस्वामी, पंडित प्रताप नारायण मिश्र, श्रीधर पाठक आदि अनेक कवियों की रचनाओं में हिंदी के लिए प्रयत्न और उसके महत्त्व के स्थापन का आग्रह दिखाई देता है। भारतेंदु हरिश्चंद्र ने लिखा है :

निज भाषा उन्नति अहै, सब उन्नति को मूल।
बिन निजभाषा ज्ञान के, मिटत न हिय को सूल।।[1]

भले ही यह बात ब्रजभाषा में कही गई है, लेकिन 'निजभाषा' के रूप में हिंदी की ही पहचान भारतेंदु ने की है। राधाचरण गोस्वामी ने अपनी 'ग़ज़ल चहारूम– हिंदी ज़ार ज़ार रोती' में लिखा है :

हिंदुओं में मेरा कोई भी मददगार नहीं।
जिंदगी ख़्वार है दिल को जरा क़रार नहीं।।[2]

श्रीधर पाठक ने 'ऐ जान हिंदी, ऐ जान हिंदी, हमारी प्यारी जबान हिंदी', 'हिंदी का अब तो कोई कदरदां रहा नहीं', 'नाचना बी उर्दू का बीच हिंदुस्तान के', 'हिंदी बिचारी का बारहमासा' आदि अनेक रचनाएँ हिंदी के पक्ष में लिखी हैं। हिंदी और उर्दू विवाद के मद्देनज़र ये रचनाएँ खासा महत्त्व रखती हैं। उर्दू के बरक्स हिंदी को शासकीय सम्मान नहीं प्राप्त था जिसके लिए ये रचनाकार

1. हेमंत शर्मा (सं.), भारतेंदु समग्र, पृ. 228
2. भारतेंदु मासिक : 5 सितंबर, 4 अक्टूबर, 3 नवंबर, 1884 ई. (पुस्तक 2, अंक 6,7,8), पृ. 107-108

संघर्षरत थे। इसलिए उनकी रचनाओं में यह आग्रह होना स्वाभाविक था।

19वीं सदी की खड़ी बोली हिंदी कविता में भक्तिपरक रचनाएँ भी हुई हैं। भारतेंदु ने–इसका निम्नलिखित उदाहरण देते हुए हिंदी कविता को भौंड़ी बताया :

भजन करो श्रीकृष्ण का मिलकर के सब लोग।
सिद्ध होयगा काम औ छूटेगा सब सोग।।

लेकिन गोविंदचंद्र सिंह, बिहारीलाल चौबे, पंडित अंबिकादत्त व्यास समेत श्रीधर पाठक आदि ने खड़ी बोली में भक्तिपरक रचनाएँ की हैं। गोविंदचंद्र सिंह की 'प्रार्थना' शीर्षक कविता भक्तिपरक कविता का उदाहरण है। उनकी कविता में गद्यात्मकता ज्यादा है। लेकिन ठीक यही बात श्रीधर पाठक के लिए भी कही जा सकती है जब वे भक्ति की ऐसी कविता लिखते हैं :

अच्युत, अनादि, अनन्त, अगम, अमध्य, अलख, अगोचरम्।
अक्षर, अलौकिक, अटल, अज, अद्‌भुत, अनूप, अधीश्वरम्
अलख, अनादि, अमध्य, अनन्त, अचिन्त्य-मते
अमि, अमेय, अमान, अगेय, अगम्य गते।[1]

पं. बिहारीलाल चौबे ने 'परमेश्वर के दश अवतार', 'नरसिंह अवतार', 'वामनावतार', 'परशुरामावतार' आदि विभिन्न शीर्षकों से कई भक्तिपरक रचनाएँ की हैं। उनकी रचनाएँ इस भ्रम को तोड़ती हैं कि खड़ी बोली भक्ति आदि भावों के प्रकाशन में बाधक है।

उदाहरण के तौर पर :

बुद्ध भगवान

पशुबध देख दयामय तन को
दया ने जब पिघलाया है।
मायासुत को रूप प्रभु ने
कलियुग में प्रगटाया है।।
आप ज्ञान मय मत फैला के
ज्ञान प्रभाव बढ़ाया है।

बुद्धीश्वर ने बुद्ध रूप से
वेद्‌धर्म्म बिलटाया है।।[2]

---

1. डॉ. पद्‌मधर पाठक (सं.), श्रीधर पाठक ग्रंथावली, भाग-2, पृ. 148
2. डॉ. रामनिरंजन परिमलेंदु, भारतेंदु काल के भूले-बिसरे कवि और उनका काव्य, पृ. 356

पंडित अंबिकादत्त व्यास ने कृष्ण-लीला की रचनाएँ भक्तिरस में डूबकर खड़ी बोली में की हैं। उन्होंने भक्ति के द्वारा ईश्वर को अधीन करने की तन्मयता दिखाई है। जब खड़ी बोली कविता का मुखर विरोध इसलिए हो रहा था कि यह नीरस है, तब भक्तिपरक रचनाएँ करके इन कवियों ने इसकी सरसता साबित की।

उस समय की कविता में प्रकृति-सौंदर्य का चित्रण भी बखूबी हुआ है। राय सोहनलाल, महेश नारायण, श्रीधर पाठक आदि अनेक कवियों ने प्रकृति के बहुविध रूपों को खड़ी बोली की भाषा-सरिता द्वारा प्रकट किया है। महेश नारायण के 'स्वप्न' की निम्नलिखित पंक्तियाँ द्रष्टव्य हैं :

और एक झरना बहुत शफ़्फ़ाफ़ था
बर्फ के मानिन्द पानी साफ़ था
आरंभ कहाँ है कैसे था वह मालूम नहीं हो;
पर उसकी बहार,
हीरे की हो धारा,
मोती का हो गर खेत,
कुंदन की हो वर्षा,
और विद्युत की छटा तिर्छी पड़े उन पै गर आकर,
तो भी वह विचित्र चित्र सा माकूल न हो।

प्रकृति-सौंदर्य को उद्घाटित करती ये पंक्तियाँ स्वयं ही काव्य-सौंदर्य का प्रतिमान प्रस्तुत कर रही हैं। राय सोहनलाल की कविता 'चाँदनी का समाँ और उसके नूर की झलक', भारतेंदु हरिश्चंद्र की कविताएँ 'बसंत' और 'बर्सात', श्रीधर पाठक की अनेक कविताएँ प्रकृति-सौंदर्य को उद्घाटित करती हुई कविताएँ हैं। श्रीधर पाठक ने 'सांध्य अटन' का वर्णन किया है :

विजन वनप्रांत था, प्रकृति मुख शांत था;
अटन का समय था, रजनि का उदय था।
प्रसव के काल की लालिमा में लसा।
बाल शशि व्योम की ओर था आ रहा।।[1]

'श्रांत पथिक' के काव्यानुवाद में पाठक लिखते हैं :

प्रकृति जो कि सब की कृपालु समभाव हितैषिणी माता है।
उद्यमयुत श्रम की पुकार पर सदा सुख दाता है।[2]

---

1. डॉ. पद्मधर पाठक (सं.), श्रीधर पाठक ग्रंथावली, भाग 2, पृ. 504
2. वही, पृ. 148

इस प्रकृति पर खड़ी बोली के कवि आरंभ से ही मुग्ध रहे हैं। ब्रजभाषा के शृंगार-काव्यों की तरह प्रकृति यहाँ उद्दीपन मात्र नहीं है, बल्कि वही साध्य है।

उस समय की खड़ी बोली कविता में तत्कालीन समाज की रूढ़ियों, अंधविश्वासों, कुरीतियों और समस्याओं का चित्रण हुआ है। पं. चंद्रशेखरधर मिश्र ने जहाँ सांस्कृतिक पतन और कुरीतियों को चित्रित किया है, वहीं शिवराम पंड्या ने तत्कालीन समस्याओं को। कुरीतियों, रूढ़ियों पर प्रकाश श्रीधर पाठक, महेश नारायण, लक्ष्मी प्रसाद राय, सोहललाल आदि ने डाला है। इस समय के कवि अपने समय और समाज के प्रति सचेत कवि थे। इसकी पूरी झलक हमें इनके काव्य से मिलती है। 19वीं सदी की खड़ी बोली हिंदी कविता स्पष्टत: मात्र 'तुकबंदियाँ' कहकर समेट दी जाने वाली कविता नहीं है। इसमें युग-चेतना का यथार्थ उपस्थित है। इसी कारण खड़ी बोली की इन प्रारंभिक कविताओं का ऐतिहासिक महत्त्व है।

खड़ी बोली के कवियों के संघर्ष का एक दूसरा आयाम शिल्प के स्तर पर था। खत्री तो घोषणा कर ही चुके थे कि 'मैं भाषा छंद को हिंदी का जातीय छंद नहीं मानता', लेकिन उसके साथ ही खड़ी बोली काव्य के समर्थकों को यह साबित भी करना था कि सभी छंदों में खड़ी बोली कविता रची जा सकती है। इसके लिए श्रीधर पाठक ने प्राय: सभी छंदों में उदाहरण सहित यह सिद्ध किया कि खड़ी बोली की काव्य-रचना भी सरस है। कालिदास के 'ऋतु संहार' का उन्होंने 'वंशस्थ वृत्त' और 'मालिनी वृत्त' में पद्यानुवाद करके दिखाया कि इन छंदों में भी खड़ी बोली की रचना संभव है। कवित्त, सवैया, रोला, चौपाई, बसंत तिलका, नरेंद्र दोहा, प्रहर्षिणी आदि छंदों में खड़ी बोली के समर्थकों ने रचनाएँ कीं। उर्दू की ग़ज़ल शैली में भी खूब रचनाएँ हुईं। लावनी, ठुमरी, कजरी, दादरा आदि लोकशैलियों में भी खड़ी बोली काव्य-रचना 19वीं सदी में हुई। 19वीं सदी के आखिरी वर्षों में संस्कृत के वृत्तों के आधार पर भी काव्य-रचना मिलती है। संस्कृत के वृत्तों के आधार पर काव्य-रचना को मुख्यत: महावीर प्रसाद द्विवेदी ने प्रोत्साहित किया। श्रीधर पाठक ने गद्य से लंबे वाक्यों वाले अंत्यानुप्रासरहित छंद भी बनाए। 19वीं सदी में खड़ी बोली समर्थकों का बहुविध प्रयत्न यह रहा कि खड़ी बोली को पहले से प्रचलित समस्त छंदों में योग्यतम सिद्ध कर दें। इसमें वे सफल भी हुए।

इस संदर्भ में देखें तो महेश नारायण की लंबी कविता 'स्वप्न' शिल्प-विधान में भी अनूठी है। इसमें अतुकांत छंदों का प्रयोग हुआ है। साथ ही, मुक्त छंद का भी प्रथम प्रयोग इसी कविता में हुआ है। वस्तु और शिल्प दोनों स्तरों पर यह बहुआयामी कविता है। इतनी लंबी दूसरी कोई हिंदी कविता 19वीं सदी में

नहीं प्रकाशित हुई। लक्ष्मीप्रसाद की कविता 'योगी' भी लंबी कविता है लेकिन उसमें 'स्वप्न' जैसा विस्तार नहीं है। 'योगी' मध्ययुगीन प्रेमकथाओं की तर्ज पर लिखी वर्णनात्मक प्रेमकथा है, जबकि 'स्वप्न' में राष्ट्रीय चेतना के यथार्थवादी स्वर मुखरित होते हैं। श्रीधर पाठक की बीसवीं सदी में लिखी 'विज्ञान मंगल' और 'देहरादून' शीर्षक कविताएँ अपेक्षाकृत लंबी हैं, लेकिन उनमें विषय का वह विस्तार नहीं दिखता है जो 'स्वप्न' में है। 'स्वप्न' वस्तुतः संवेदना और शिल्प दोनों स्तरों पर 19वीं सदी की खड़ी बोली हिंदी कविताओं में विशिष्ट है।

याद रखो
कभी अकेले में मुक्ति न मिलती
यदि वह है तो सबके साथ ही है

– गजानन माधव मुक्तिबोध

दूसरा अध्याय

'स्वप्न' : पहली आधुनिक कविता

आधुनिकता का आगमन और 19वीं सदी की आधुनिकता

हिंदी की पहली आधुनिक कविता पर बात करने के लिए सबसे पहले इस पर विचार करना आवश्यक है कि 'आधुनिकता' क्या है? पश्चिम से आने वाली कई अवधारणाओं में से एक आधुनिकता भी है जिसकी कई अवधारणागत आंतरिक विशेषताएँ हैं। औद्योगिकीकरण के माध्यम से आधुनिकता ने जब पश्चिम में पैर पसारे तब उसकी अवधारणा के बुनियादी अवयवों में राष्ट्रीय स्वत्व का उभार, पूँजीवाद के आगमन के कारण रूढ़िवादी सामंती व्यवस्था पर सवाल, विवेकशीलता का अनुसरण, भाग्यवाद पर प्रश्न और ईश्वर के अस्तित्व और उसके जगतनियंता होने के विश्वास पर संदेह आदि शामिल हुए।

वस्तुतः आधुनिकता कोई निरपेक्ष अवधारणा नहीं है। वह समाज-व्यवस्था की एक विशिष्ट अवस्था में परिणति है। वह पूँजीवाद की सांस्कृतिक परिणति है। उसमें मानवीय समाज की चिंता है। वह कई प्रकार की विचारधाराओं को अपने भीतर लेकर चलती है, जैसे—मार्क्सवाद, समाजवाद आदि आधुनिक विचारधाराएँ हैं। आधुनिकता ने मानवीय समता का पक्ष लिया। इतिहास की आलोचना करते हुए भी आधुनिकता के दौर में यह माना जाता रहा कि इतिहास का कोई उद्देश्य होता है। इतिहास-बोध का अर्थ और उद्देश्य मनुष्य की मुक्ति रहा है। व्यक्ति-स्वातंत्र्य को इसने बहुत महत्त्वपूर्ण स्थान दिया। विवेक, बुद्धि को सर्वोच्च मानने की धारणा आधुनिकता में निहित थी। क्रांति की धारणा भी आधुनिकता में समाहित थी।

आधुनिकता को बहुत कुछ समय-सापेक्ष माना गया है। इसे काल-विशेष को बताने के लिए प्रयुक्त किया जाता रहा है, लेकिन यह मात्र कालसूचक शब्द नहीं है। जैसा कि आचार्य हजारी प्रसाद द्विवेदी कहते हैं : "आधुनिकता क्या है? शब्दार्थ पर विचार करें, तो अधुना या इस समय जो कुछ है, वह आधुनिक है। पर आधुनिक का यही अर्थ नहीं है। हम बराबर देखते हैं कि कुछ बातें इस समय भी ऐसी हैं,

जो आधुनिक नहीं हैं, बल्कि मध्यकालीन हैं।''[1] इसलिए कहा जा सकता है कि आधुनिकता समाज-सापेक्ष और सभ्यता-सापेक्ष होती है। ग्लोबलाइजेशन के वर्तमान दौर में भी इंग्लैंड में जिसे आधुनिकता माना जाता है, ठीक वही भारत में नहीं माना जाता। यही क्यों? भारत में जो बात आधुनिक है, ठीक उसी तरह, उसी संदर्भ में चीन में भी हो, यह आवश्यक नहीं है। हर समाज और सभ्यता के संदर्भ में आधुनिक होने का मतलब बदल जाता है। दूसरी जगह क्यों देखा जाए, हमारे ही देश के विभिन्न समाजों में आधुनिकता के विभिन्न स्तर हैं। किसी सुदूर ग्रामीण क्षेत्र में शिक्षा प्राप्त करना, शहर में रहना और वेशभूषा में परिवर्तन को ही आधुनिक होना माना जाता है तो शहरी परिवेश में यह बाहरी रूप-रंग के साथ विचारों से भी जुड़ा है। बड़े महानगरों में, जहाँ विलास की अत्याधुनिक सामग्रियों में जीवन-यापन करता व्यक्ति मध्यकालीन मानसिकता का हो सकता है। जबकि किसी कस्बे का कोई निम्न-मध्यवर्गीय व्यक्ति भी विचारों से आधुनिक हो सकता है, वहीं इसके सभ्यता-सापेक्ष होने के कारण होता है।

आधुनिकता के मोटे तौर पर तीन स्तर माने जाते हैं :

* सामाजिक,
* सांस्कृतिक एवं
* राजनीतिक।

यह संभव ही नहीं कि समाज में तो आधुनिकता नहीं आए और साहित्य में आ जाए। अगर ऐसा होगा तो वह उधार की आधुनिकता होगी। इसे ही लक्ष्य करते हुए कर्मेंदु शिशिर कहते हैं, ''हिंदी में एक आयातित आधुनिकता भी प्रसारित है जिसकी जड़ें यहाँ के समय-समाज में नहीं हैं।''[2] आरंभ में ही इस प्रवृत्ति को देखकर आचार्य शुक्ल ने लिखा था, ''केवल पाश्चात्य साहित्य के किसी कोने से आँख खोलने वाले और योरोप की हर एक नई-पुरानी बात को आधुनिकता कहकर चिल्लाने वाले लोगों के द्वारा बहुत कुछ अनधिकार चर्चा से बहुत-सी अनाड़ीपन की बातें-भी फैल चलीं।''[3] हालाँकि उनका मानना है कि ''यह तात्पर्य नहीं कि योरोप के साहित्य क्षेत्र में उठी हुई बातों की चर्चा हमारे यहाँ न हो। यदि हमें वर्तमान जगत् के बीच से अपना रास्ता निकालना है तो वहाँ के अनेक 'वादों' और प्रवृत्तियों तथा उन्हें उत्पन्न करने वाली परिस्थितियों का पूरा परिचय हमें होना चाहिए। उन वादों की चर्चा अच्छी तरह से हो, उन पर पूरा विचार हो और उनके भीतर जो थोड़ा-बहुत सत्य छिपा हो, उसका ध्यान अपने साहित्य के विकास में रखा जाय। पर उसमें से कभी इसको, कभी उसको, यह कहते हुए सामने रखना

1. मुकुंद द्विवेदी (सं.), हजारी प्रसाद ग्रंथावली, भाग-9, पृ. 359
2. समकालीन सृजन : अंक 21, प्रकाशन वर्ष 2002, पृ. 177
3. आचार्य रामचंद्र शुक्ल, हिंदी साहित्य का इतिहास, पृ. 291

कि वर्तमान विश्व साहित्य का स्वरूप यही है जिससे हिंदी साहित्य अभी बहुत दूर है, अनाड़ीपन ही नहीं, जंगलीपन भी है।''[1] समाज से भिन्न जो 'वाद' साहित्य में सक्रिय होता है, उसकी तार्किक परिणति नहीं हो पाती। इसी तरह विभिन्न सांस्कृतिक एवं राजनीतिक अवस्थाओं को आधुनिकता के द्वारा व्यक्त किया जाता है। प्रजातंत्र एक आधुनिक शासन-प्रणाली है। मध्यकालीन सामंती सत्ता के विरुद्ध यह आधुनिक जीवन की सर्वाधिक वैज्ञानिक राजनीतिक व्यवस्था है। नए-पुराने का द्वंद्व उभरकर परंपरा और आधुनिकता के द्वंद्व में बदल जाता है। हालाँकि परंपरा से आधुनिकता का विरोध वैसा जटिल नहीं है। आधुनिकता का टकराव जड़ परंपरा-बोध से होता है। जहाँ परंपरा नदी की धारा की तरह गतिशील होती है, वहाँ आधुनिकता उसका अगला चरण है।

हिंदी में भी आधुनिकता पर बहुविध एवं विस्तृत विचार-विमर्श के बावजूद इसकी कोई सर्वमान्य अवधारणा निश्चित नहीं हो पाई है। शायद हो भी न पाए क्योंकि जिसे हम आधुनिक मानते हैं, वह कई धारणाओं का एक सम्मिलित नाम है। धर्मवीर भारती ने आधुनिक बोध को 'संकट बोध' माना है। रघुवंश ने इसे 'असम्पृक्त यथार्थ दृष्टि' के रूप में स्वीकार किया है। नामवर सिंह आधुनिकता को आधुनिकता के संबंध में कभी एक प्रक्रिया मानते हैं, कभी मूल्य। अज्ञेय ने इसे 'सापेक्षतावाद' के रूप में देखा। केदारनाथ अग्रवाल ने आधुनिकता को 'खंडित मानव मन की खंडित मनोदशा की खंडित अभिव्यक्ति' बताया है। इन्द्रनाथ मदान के लिए आधुनिकता 'प्रश्नचिह्न की निरंतरता' है। नरेन्द्र मोहन की मान्यता है कि 'आधुनिकता एक प्रश्नाकुल मानसिकता है जो हर बँधी-बँधाई व्यवस्था य मर्यादा या धारणा को तोड़ती है।'' रामधारी सिंह दिनकर के अनुसार ''आधुनिकता एक प्रक्रिया का नाम है। यह प्रक्रिया अंधविश्वास से बाहर निकलने की प्रक्रिया है। यह प्रक्रिया नैतिकता में उदारता बरतने की प्रक्रिया है। यह प्रक्रिया बुद्धिवादी बनने की प्रक्रिया है।''[2] रामविलास शर्मा का मत है कि '''आधुनिक' शब्द सीधे कालक्रम का सूचक नहीं है। जो काल हमारे अपने समय के, यथा- बीसवीं सदी के उत्तरार्द्ध के, अधिक समीप होगा, वही आधुनिक होगा, ऐसा आशय इस शब्द का नहीं है। सामंती अंधविश्वासों से बाहर निकलकर जो साहित्य ज्ञान-विज्ञान और कलात्मक सौंदर्य की ओर अग्रसर होता है, वह 'आधुनिक' है।''[3] कुबेरनाथ राय मानते हैं कि आधुनिकता की कोई परिभाषा नहीं हो सकती, तथापि आधुनिकता की एक कामचलाऊ परिभाषा यह हो सकती है- ''संक्रांतिकालीन मिज़ाज (मूड) या प्रश्नगर्भी संक्रांति के प्रति सचेतता को

1. आचार्य रामचंद्र शुक्ल, हिंदी साहित्य का इतिहास, पृ. 292
2. समकालीन सृजन : अंक 21, प्रकाशन वर्ष 2002, पृ. 21
3. वही, पृ. 25

आधुनिकता कहते हैं।''[1] भारतीय समाज के संदर्भ में आधुनिकता की पड़ताल करते हुए रघुवीर सहाय लिखते हैं कि ''आधुनिकता और कुछ नहीं है, एक ऐसी नैतिकता की खोज है जो मनुष्य के द्वारा दमन और शोषण के विरुद्ध भी होती है, साथ ही साथ कभी स्थायी रूप से कोई उपाय नहीं बता सकती है।''[2]

विभिन्न विद्वानों की अवधारणाओं को देखते हुए स्पष्ट है कि 'आधुनिक' और 'आधुनिकता' को किसी एक परिभाषा से निरूपित करना कठिन है। इस संदर्भ में आचार्य हजारीप्रसाद द्विवेदी का यह कथन उचित जान पड़ता है कि ''आधुनिकता अपने आप में कोई मूल्य नहीं है। मनुष्य ने अनुभवों द्वारा जिन महनीय मूल्यों को उपलब्ध किया है, उन्हें नए संदर्भों में देखने की दृष्टि आधुनिकता है। यह गतिशील प्रक्रिया है।''[3]

अपने कालवाचक अर्थ में आधुनिकता का तात्पर्य होगा वर्तमान का बोध अर्थात् प्राचीन अथवा मध्यकालीन से भिन्न, वर्तमान से संपृक्त। इस दृष्टि से आधुनिक वह है जो समकालीन से संपृक्त है, जो प्राचीन और मध्यकालीन संस्कारों, अनुशासनों, रूढ़ियों आदि से मुक्त है। समकालीनता से संपृक्ति से यह स्पष्ट है कि आधुनिक संवेदना कोरी कालवाचकता की सीमा से आगे की चीज़ है। कार्ल गुस्ताव युंग का यह कहना ठीक है कि "The mere fact of living in the present does not make a man modern, for in that case every one at present alive would be so. He alone is modern who is fully conscious of the present." [4]

आधुनिकता का आगमन और 19वीं सदी की हिंदी

यहाँ जिस आधुनिकता की चर्चा की जा रही है, वह 19वीं सदी के उत्तरार्द्ध में भारतीय समाज को धीरे-धीरे जागृत एवं प्रबोधित करने वाली आधुनिकता है। यह आधुनिकता मुद्रण की तकनीक के द्वारा प्रसारित हुई। कहा भी गया है– 'मॉडर्निटी इज़ द प्रोडक्ट ऑफ प्रिंट कल्चर' (आधुनिकता मुद्रण-संस्कृति की देन है); मुद्रण की तकनीक से संस्कृति की दुनिया में लोकतंत्र का आगमन हुआ। इससे पहले साहित्य मौखिक रूप में संरक्षित होता था। श्रुति एवं स्मृति की परंपरा इसी के द्वारा चली। श्रुति-स्मृति के पश्चात ताड़-पत्रों पर हस्तलेखन के रूप में वह संरक्षित हुआ। तब भी कुछ ही व्यक्तियों तक उसकी पहुँच थी। लेकिन मुद्रण की तकनीक आने के बाद मुद्रित होकर वह हर उस व्यक्ति के लिए सुलभ हो गया, जिसके

1. समकालीन सृजन : अंक 21, प्रकाशन वर्ष 2002, पृ. 29
2. कृष्ण कुमार (सं.), रघुवीर सहाय संचयिता, पृ. 181
3. मुकुंद द्विवेदी (सं.), हजारीप्रसाद ग्रंथावली, भाग-9, पृ. 362
4. डॉ. हरदयाल, आधुनिकता बोध और विद्रोह, पृ. 18

पास इसे खरीदने के लिए पैसे थे। अब विचारों पर लिंग-वर्ण विशेष के अधिकार पहले जैसे नहीं रह गए। ऐसी स्थिति में गद्य का आविर्भाव हिंदी में हुआ। आधुनिकता चिंतन के स्तर पर गद्य से जुड़ी हुई है। गद्य गंभीर, विचार-विमर्श की विधा है। इसीलिए आचार्य रामचंद्र शुक्ल ने 'आधुनिक काल' को 'गद्यकाल' कहा है।

हिंदी साहित्य में आधुनिक काल का प्रवर्तक भारतेंदु हरिश्चंद्र को माना जाता है। आचार्य रामचंद्र शुक्ल लिखते हैं– "भारतेंदु हरिश्चंद्र का प्रभाव भाषा और साहित्य, दोनों पर बड़ा गहरा पड़ा। उन्होंने जिस प्रकार गद्य की भाषा को परिमार्जित करके उसे बहुत ही चलता, मधुर और स्वच्छ रूप दिया, उसी प्रकार हिंदी साहित्य को भी नए मार्ग पर लाकर खड़ा कर दिया।...वे वर्तमान हिंदी गद्य के प्रवर्तक माने गए।...हिंदी साहित्य अपने पुराने रास्ते पर ही पड़ा था। भारतेंदु ने उस साहित्य को दूसरी ओर मोड़कर जीवन के साथ फिर से लगा दिया।"[1]...लेकिन आधुनिक हिंदी गद्‍य के संदर्भ में भारतेंदु को प्रवर्तक बताने वाले आचार्य शुक्ल जब उनके पद्‍य पर विचार करते हैं, तब लिखते हैं कि "उनकी कविताओं के विस्तृत संग्रह के भीतर आधुनिकता कम ही मिलेगी।"[2] आखिर वह कैसी और कौन-सी आधुनिकता है जो आचार्य शुक्ल को भारतेंदु के नाटकों और निबंधों में तो मिलती है परंतु कविताओं में कम ही नजर आती है? आधुनिक होने का मतलब आचार्य शुक्ल के लिए भी अपने समय और समाज के प्रति सजग होना था। भारतेंदु युग की सबसे बड़ी सचाई यह थी कि देश उपनिवेशवाद का शिकार था, इसलिए गुलामी की पहचान और उससे स्वाधीन होने की चेतना आधुनिकता की अनिवार्य शर्त थी। मैनेजर पाण्डेय लिखते हैं– "उस समय जो कवि अपने समाज की सबसे बड़ी वास्तविकता अर्थात देश की पराधीनता और उसके विरोध में क्रियाशील स्वाधीनता की भावना के बारे में सजग नहीं होगा, वह आधुनिक भी नहीं होगा।"[3] यही कारण है कि छायावाद के काल में रचनारत जगन्नाथ दास 'रत्नाकर' आधुनिक कवि नहीं हैं।

आधुनिकता के तीनों स्तरों– राजनीतिक, सामाजिक और सांस्कृतिक, पर उस काल में एक भिन्न और तनावपूर्ण स्थिति थी। उपनिवेशवादी शासन के दमन-चक्र में देश पिस रहा था। इंग्लैंड और यूरोप के अन्य देशों में प्रजातांत्रिक शासन व्यवस्था की स्थापना हो चुकी थी जबकि हमारे यहाँ पराधीनता की यातना का युग था। अत: जब यूरोप में प्रजातांत्रिक प्रणाली का तात्पर्य आधुनिक होना हो चुका था, उस समय हमारे देश में इसका मतलब स्वाधीनता की आकांक्षा

1. आचार्य रामचंद्र शुक्ल, हिंदी साहित्य का इतिहास, पृ. 246
2. वही, पृ. 320
3. मैनेजर पाण्डेय, आलोचना की सामाजिकता, पृ. 229

और चेतना से अलग नहीं हो सकता था। सामाजिक स्तर पर यह सामंती मूल्यों और मानसिकताओं से मुक्ति की आकांक्षा में व्यक्त हो रहा था।

लेकिन भारतीय समाज, सामंतवाद के विरुद्ध लंबे संघर्ष के बावजूद, अपने मूल्यों और आचरण में सामंती अवशेषों से अब भी पूरी तरह मुक्त नहीं हो पाया है। उस अवशेष का एक रूप है जाति-व्यवस्था जो अब भी हमारे चारों ओर मौजूद है। कोई चाहे या न चाहे, अपने समाज में वह जन्म से ही एक जाति विशेष का सदस्य माना जाता है। सांस्कृतिक स्तर पर आधुनिकता पुराने से नए की ओर संक्रांति के रूप में मिलती है। नए और पुराने का द्वंद्व उसमें निहित है। इसलिए वह पुरानी प्रवृत्तियों के विरुद्ध नई प्रवृत्तियों के उभार और टकराहट का काल है। स्वयं भारतेंदु ने एक तरफ भक्ति और रीति की प्रवृत्ति की कविता की, वहीं नए-नए विषयों की ओर भी गए। इसलिए ही खड़ी बोली को काव्यभाषा के लिए अनुपयुक्त मानने के बावजूद भारतेंदु ने उसमें लिखने की चेष्टा की।

भारतेंदु युग को हिंदी साहित्य का आधुनिक काल और भारतेंदु को आधुनिक साहित्य का प्रवर्तक ठीक ही माना जाता है। आचार्य शुक्ल ने इसका उचित तर्क दिया है– ''प्राय: सभी सभ्य जातियों का साहित्य उनके विचारों और व्यापारों से लगा हुआ चलता है। यह नहीं कि उनकी चिंताओं और कार्यों का व्यापार एक ओर जा रहा हो और उनके साहित्य का प्रवाह दूसरी ओर।''[1] भारतेंदु युग के पहले हिंदी साहित्य में यही स्थिति थी। भारतेंदु युग का सबसे महत्त्वपूर्ण योगदान यही है कि उन्होंने हमारे जीवन के साथ हमारे साहित्य को फिर से लगा दिया, बड़े भारी विच्छेद से हमें बचाया। इसी प्रक्रिया के द्वारा हिंदी साहित्य में आधुनिकता आई। अब साहित्य में पराधीनता की स्थिति व उसकी यातना की पड़ताल होने लगी, साथ ही साथ यह आकांक्षा भी– 'स्वत्व निज भारत गहै।' बुनियादी तौर पर इस 'स्वत्व' की पहचान का सीधा संबंध आधुनिकता से जुड़ता है।

भारतेंदु की कविता में आधुनिकता कम ही पाई जाती है– यह मानने के बाद भी हिंदी कविता में आधुनिकता की पड़ताल इतिहासकारों ने प्राय: नहीं की, जबकि इससे बहुत सारी असुविधाओं से बचा जा सकता है। सबसे पहला प्रश्न तो भाषा का ही है। 'भाषा का निखरा हुआ शिष्ट सामान्य रूप से भारतेंदु की कला के साथ ही प्रकट हुआ।' साथ ही उन्होंने 'पद्य की ब्रजभाषा का भी बहुत कुछ संस्कार किया।' जब भारतेंदु ने साहित्य और जीवन के 'विच्छेद' को दूर किया तो फिर गद्य और पद्य की भाषा में यह 'विच्छेद' क्यों पड़ा रहा? पड़ा ही नहीं रहा बल्कि भारतेंदु को पद्य की भाषा गद्य की भाषा से भिन्न ही जँचती रही। क्या भाषा के इस सवाल के साथ उनकी कविताओं में आधुनिकता

1. आचार्य रामचंद्र शुक्ल, हिंदी साहित्य का इतिहास, पृ. 246

की कमी की समस्या नहीं जुड़ी है? हिंदी की पहली आधुनिक कविता की खोज करते समय आधुनिक होने के जो कई तात्पर्य हैं, उनमें भाषा अत्यंत महत्त्वपूर्ण है।

हिंदी साहित्य में गद्य के साथ आधुनिक काल का आगमन होता है और गद्य की भाषा नि:संदेह खड़ी बोली हिंदी ही है। 'पंडिताऊपन', 'ब्रजभाषापन', 'पूरबीपन' आदि से परे निखरी हुई खड़ी बोली ही गद्य के लिए स्वीकार्य हो रही थी। अत: हिंदी कविता के प्रसंग में आधुनिकता की बात करते समय भाषा के प्रश्न पर गंभीरता से विचार करने की आवश्यकता है। मैनेजर पाण्डेय लिखते हैं कि "कविता के प्रसंग में खड़ी बोली में लिखी गई कविता ही आधुनिक कविता मानी जाती है।"[1] भारतेंदु युग में ही खड़ी बोली कविता का आरंभ हो चुका था। लेकिन उसी समय काव्यभाषा के सवाल पर लंबा विवाद छिड़ा। एक तरफ तो हिंदी-उर्दू का भाषायी विवाद सांप्रदायिक रुख अख़्तियार करता जा रहा था तो दूसरी तरफ ब्रजभाषा-खड़ी बोली को लेकर काव्यभाषा का विवाद उग्रतर होता गया। अन्तत: जब यह विवाद समाप्त हो गया और गद्य के साथ कविता की भाषा खड़ी बोली हिंदी भी स्वीकृत हो गई तब तो स्थिति यह हुई कि छायावाद काल में ब्रजभाषा में कविताएँ लिख रहे जगन्नाथ दास रत्नाकर को आधुनिक काल का कवि नहीं माना गया। इसके पीछे कहीं-न-कहीं भाषा का भी हाथ था। लेकिन इसके बावजूद हिंदी की पहली आधुनिक कविता पर बात करना असुविधाजनक बना रहा। सुविधा के लिए खड़ी बोली का आरंभिक कवि श्रीधर पाठक को मान लिया गया, जबकि आधुनिक युग की शुरुआत का श्रेय भारतेंदु को दिया गया। लेकिन इसके बाद भी समस्या बनी रही। यह प्रश्न अनुत्तरित रहा कि अगर 19वीं सदी के उत्तरार्द्ध में खड़ी बोली में अपने समय व समाज के प्रति सजग कविता लिखी जा रही थी, जिसमें स्वाधीनता का सवाल अपनी वास्तविकता के साथ प्रकट हुआ तो ये विशेषताएँ पहली बार मुकम्मल ढंग से किस कविता में नजर आती हैं?

हिंदी की पहली आधुनिक कविता : कुछ मान्यताएँ

हिंदी की पहली आधुनिक कविता के लिए आवश्यक इन बिंदुओं को देखने के बाद और पहली आधुनिक कविता के रूप में 'स्वप्न' के विश्लेषण से पहले यह देखना उचित होगा कि हिंदी में आधुनिक कविता को लेकर अब तक क्या कहा जाता रहा है। क्या वह नई कविता के दौर की आधुनिकता से अलग है? इस संदर्भ में सबसे पहले इन्द्रनाथ मदान के वे चार व्याख्यान

1. मैनेजर पाण्डेय, आलोचना की सामाजिकता, पृ. 227

उल्लेखनीय हैं जो उन्होंने कलकत्ता विश्वविद्यालय की 'श्री घनश्यामदास बिड़ला व्याख्यानमाला' के अंतर्गत 'आधुनिकता और हिंदी साहित्य' विषय पर दिए थे। वे मानते हैं कि आधुनिकता का बँधा-बँधाया जवाब उनके पास नहीं है। 'आधुनिकता और हिंदी कविता' विषय पर बात करते हुए वे सवाल उठाते हैं : "आधुनिकता की दृष्टि से हिंदी कविता की शुरुआत कहाँ से होती है? क्या आधुनिकता का एक ही दौर हिंदी कविता में आया है या एक से अधिक? यदि एक से अधिक दौर आया है तो उनकी पहचान और परख किस तरह हो सकती है?"[1] इसके बावजूद वे कहते हैं कि "आधुनिकता की दृष्टि से हिंदी कविता की शुरुआत अगर 'कुकुरमुत्ता' (निराला) से की जाए तो आज यह असंगत नहीं जान पड़ता है....'कुकुरमुत्ता' (1941) एक लंबी कविता है। इसलिए शायद इसे आधुनिकता का दस्तावेज़ घोषित किया जाने लगा है जो युग का मुहावरा भी है।"[2] आगे वे 'हरी घास पर क्षण भर', 'अँधेरे में' एवं 'अंधायुग' का जिक्र इस संदर्भ में करते हैं। लेकिन अगर लंबी कविता ही आधुनिक कविता है तो 'कुकुरमुत्ता' के पहले न जाने कितनी लंबी कविताएँ लिखी जा चुकी थीं। स्वयं निराला ही 'राम की शक्ति-पूजा' एवं 'सरोज-स्मृति' जैसी महत्त्वपूर्ण कविताएँ लिख चुके थे। आलोचक यह स्पष्ट नहीं करता। क्या वह व्यंग्य है इसलिए? आलोचक राजनीतिक सच को इंगित करती कविताओं को भी आधुनिक मानता है और उनसे दामन बचाने वाली कविताओं को भी। किन मानकों पर 'कुकुरमुत्ता' पहली आधुनिक कविता मानी जाए, उन बिंदुओं पर चर्चा को न ले जाना मदान की आलोचकीय सूझ-बूझ का उदाहरण है। संभवत: उन्होंने आधुनिक कविता की मात्र 'पहचान' कर दी है और मान लिया कि पाठक 'परख' स्वयं कर लेगा।

हिंदी में आधुनिकता पर चर्चा होती ही रहती है। 2002 ई. में 'समकालीन सृजन' नामक पत्रिका का 'आधुनिकता की पुनर्व्याख्या' विषय पर अंक निकला था। उसमें विश्वनाथ त्रिपाठी का आलेख है– 'ग़ालिब और भारतेंदु : आधुनिकता के रूप'। त्रिपाठी लिखते हैं– "भारतेंदु हिंदी साहित्य के आधुनिक युग के प्रवर्तक माने जाते हैं। ग़ालिब के बारे में ऐसा दावा पहले नहीं किया गया है।... लेकिन ऐसा लगता है कि शायद ग़ालिब, अगर खड़ी बोली के रूप में हिंदी-उर्दू को एक भाषा मानें तो खड़ी बोली के पहले आधुनिक कवि हैं।"[3] लेकिन प्रश्न उठता है– क्यों? अगर खड़ी बोली ही एकमात्र आधार है तो उनसे पहले नज़ीर अकबराबादी, मीर आदि ने भी खड़ी बोली में काव्य-रचना की है। भाषा

1. इन्द्रनाथ मदान, आधुनिकता और हिंदी साहित्य, पृ. 1
2. वही, पृ. 1-2
3. समकालीन सृजन, अंक 21, प्रकाशन वर्ष 2002, पृ. 165

की दृष्टि से देखें तो नज़ीर की भाषा उनसे ज्यादा सहज और आकर्षक खड़ी बोली है। साथ ही जहाँ तक कविता में लौकिकता को महत्त्व दिए जाने की बात आधुनिकता के साथ जुड़ी है, वहाँ नज़ीर ग़ालिब से कहीं आगे ही दिखते हैं। त्रिपाठी ने ग़ालिब के जो उदाहरण दिए हैं, उनके बरक्स नज़ीर की पंक्तियाँ रखने पर यह बात स्पष्ट हो जाती है :

तंगि ए दिल का गिला क्या, ये वो काफिर दिल है,
कि अगर तंग न होता तो परीशां होता।[1]

–ग़ालिब

जब आदमी के हाल पे आती है मुफ़्लिसी।
किस तरह से उसको सताती है मुफ़्लिसी।।
प्यासा तमाम रोज बिठाती है मुफ़्लिसी।
भूका तमाम रात सुलाती है मुफ़्लिसी।।[2]

–नज़ीर

तो क्या विज़न उनका ज्यादा बड़ा और व्यापक था इसलिए? विज़न तो मध्यकालीन कवियों का भी बड़ा और व्यापक था, लेकिन उन्होंने खड़ी बोली में रचना नहीं की है।

त्रिपाठी ने ग़ालिब को आधुनिक बताने के लिए व्यापक जीवनानुभव, आत्मविरोध, अंतर्विरोध, आत्मालोचन, विकल्पहीनता की स्थिति, प्रश्नाकुलता आदि पर जोर दिया है। ये सारी बातें क्या हिंदी में कबीर के समय से ही नहीं दिखाई देती हैं? हाँ, यह बात अलग है कि वहाँ 'खड़ी बोली' नहीं है। इन सबके साथ एक और खास बात त्रिपाठी ने ग़ालिब में देखी है। वह है जन्नत पर, खुदा पर, कर्मकांड पर उनका दृष्टिकोण। यह बिल्कुल ठीक है कि ग़ालिब का दृष्टिकोण इन सारी बातों पर मध्यकालीन धार्मिकता और अंधविश्वास से भिन्न दिखता है। लेकिन यह कहना मुश्किल है कि ग़ालिब ने खुदा के अस्तित्व पर ही प्रश्न उठाया है। अपनी स्थिति के लिए ईश्वर से प्रश्न करना तो मध्यकाल में भी होता रहा है लेकिन आधुनिकता के साथ ईश्वर के होने और भाग्य-नियंता होने पर संशय किया गया। आस्था और अनास्था, दोनों का द्वंद्व उत्पन्न हुआ। लेकिन सबसे बड़ी बात है अपने समय की वास्तविकता की पहचान और उसके प्रति सजगता। क्या ग़ालिब देश की पराधीनता की यातना से, उसके प्रति चल रहे विरोधों से अपनी कविता के द्वारा परिचित कराते हैं? 1857 ई. की क्रांति के बारह वर्षों बाद उनका निधन हुआ। क्या ग़ालिब की कविता पर इसका कुछ प्रभाव पड़ा? देशभक्ति और

1. समकालीन सृजन, अंक 21, प्रकाशन वर्ष 2002, पृ. 167
2. डॉ. नज़ीर मुहम्मद (सं.), नज़ीर ग्रंथावली, पृ. 259

राजभक्ति के द्वंद्व जैसा ही कुछ क्या उनके यहाँ व्यक्त हुआ है? ग़ालिब का एक शेर है :

ईमाँ मुझे रोके है, तो खेंचे है मुझे कुफ़्र।
का'बः मिरे पीछे है, कलीसा मिरे आगे।[1]

काबा अर्थात् खाना-ए-खुदा अर्थात् खुदा का घर और कलीसा का मतलब हुआ चर्च। समाज के व्यापक अनुभव और परिस्थिति का उद्घाटन इसके द्वारा हुआ है, लेकिन मेरा प्रश्न या आधुनिकता का प्रश्न इसके द्वारा हल नहीं होता। 'स्वत्व', 'अधिकार' एवं 'स्वतंत्रता' के भाव ग़ालिब की कविता में व्यक्त नहीं होते हैं। वे एक महान भारतीय कवि हैं। उनकी महानता और श्रेष्ठता असंदिग्ध है। लेकिन जब त्रिपाठी हिंदी के पहले आधुनिक कवि के रूप में उन्हें देखते-दिखाते हैं तो उनसे हमारी तार्किक सहमति नहीं बन पाती।

भारतेंदु ने हिंदी कविता को भी नवीन विषयों की तरफ मोड़ा। उनकी कविता में पुरानी प्रवृत्तियों के साथ अनेक नई बातें भी मिलती हैं। पुराने और नए का द्वंद्व उनके यहाँ मिलता है। राजभक्ति और देशभक्ति का द्वंद्व उनके यहाँ स्पष्ट रूप से आया है। उनकी काव्यभाषा ब्रजभाषा है। हिंदी खड़ी बोली में कुछ रचनाएँ उन्होंने की हैं, जैसे– 'दशरथ विलाप', 'बसंत' और 'बर्सात'। इन तीनों कविताओं की विषय-वस्तु और संवेदना आधुनिक नहीं है। हालाँकि उन्होंने ब्रजभाषा में देश-दशा पर कुछ कविताएँ जरूर लिखी हैं लेकिन उनके नाटकों में जो सुचिंतित चेतना मिलती है, वह कविताओं में नहीं है। भारतेंदु की देशभक्तिपरक एक लंबी कविता है : 'प्रबोधिनी'। इसमें कविता के आलंबन कृष्ण हैं और कवि उन्हें जगा रहा है, क्योंकि भारत डूब रहा है। भारतेंदु 'नीलदेवी' में कहते हैं :

कहाँ करुणानिधि केशव सोये?
जागत नाहिं अनेक जतन करि भारतवासी रोये?[2]

अगस्त, 1874 ई. में प्रकाशित कविता 'प्रबोधिनी' में कृष्ण का बाल-रूप और गोपी-वल्लभ रूप, दोनों चित्रित हैं लेकिन इसके साथ 'रक्षक रूप' में भी वे सामने आते हैं जब कवि गुहार लगाता है :

डूबत भारत नाथ बेगि जागो अब जागो।[3]

यह तत्कालीन देशकाल की परिस्थितियों के दबाव से पैदा हुआ नया भाव-बोध है। इस कविता की अंतर्वस्तु का निर्माण क्रमशः ईश-भक्ति-भाव, शृंगार भाव और

1. अली सरदार जाफ़री, दीवान-ए-ग़ालिब, पृ. 350
2. सं. हेमंत शर्मा, भारतेंदु समग्र, पृ. 484-485
3. वही, पृ. 211

देश-भक्ति भाव से हुआ है। कवि चाहता है कि जैसे कृष्ण ने अपने बालपन में ब्रजवासियों का नयन जुड़ाया, किशोरावस्था में गोपियों का हृदय जुड़ाया और युवावस्था आते-आते कंस का वध कर एक आतंककारी शासन का खात्मा किया, उसी तरह वे भारत उद्धारक का कार्य करें। 'राधिका-नाथ' कृष्ण को भारतेंदु ने 'भारत-नाथ' बनाने का प्रयत्न किया है। भारतेंदु का ऐतिहासिक महत्त्व यह है कि उन्होंने देश-काल की चिंता को अपनी भक्ति के केंद्र में रखा। भक्ति-काव्य अपनी सारी महानता के बावजूद वैयक्तिक और मध्यकालीन भाव-बोध की कविता है। भारतेंदु ने भक्ति को सामाजिक बनाया, उसे देश-चिंता से जोड़ा। इसके साथ-साथ उन्हें परिस्थिति का बोध भी पर्याप्त है :

मारकीन मलमल बिना चलत कछू नहीं काम।
परदेशी जुलाहन कै मानहु भये गुलाम॥
वस्त्र कांच कागज कलम चित्र खिलौने आदि।
आवत सब परदेश सों नितहि जहाजन लादि॥
इत की रूई सींग अरू चरमहि तित लै जाय।
ताहि स्वच्छ करि वस्तु बहु भेजत इतिह बनाय॥[1]

लेकिन इस चेतना को उन्होंने खड़ी बोली के माध्यम से प्रकट नहीं किया है। साथ ही, ईश्वर की जगह मनुष्य को प्रमुखता; ईश्वर के प्रति कौतूहल; संशय एवं प्रश्न; बुद्धि व तर्क को स्थान आदि भारतेंदु के यहाँ नहीं दिखाई देते। वास्तव में, भारतेंदु के महत्त्व को स्वीकार करने के साथ-साथ हमें यह मानना चाहिए कि अपने समय में, खड़ी बोली हिंदी के जरिये कविता में तत्कालीन समय और समाज की वास्तविक स्थिति का चित्रण करनेवाले वे अकेले कवि नहीं थे। इसका स्पष्ट प्रमाण है 1881 में प्रकाशित 'स्वप्न' कविता जिसमें भारत की पराधीनता की यातना का बोध और स्वाधीनता की आकांक्षा पुरजोर ढंग से व्यक्त हुई है।

'स्वप्न' का प्रकाशन निश्चय ही एक महत्त्वपूर्ण घटना है। भारतेंदु जब खड़ी बोली में काव्य-रचना को अत्यंत श्रमसाध्य बता रहे थे, उसी के एक-डेढ़ माह बाद 'स्वप्न' कविता प्रकाशित हुई। यह एक स्वच्छंदतावादी प्रेम कविता है। 32 खंडों में विन्यस्त इस लंबी कविता में स्वप्नस्थिति है। 'अयोध्या प्रसाद खत्री स्मारक ग्रंथ' में इसके बत्तीस खंड ही दिए हुए हैं, जबकि उमाशंकर एवं महाकालेश्वर ने बत्तीसवें खंड को दो भागों में विभक्त कर इसे तैंतीस खंडों का बना दिया है। कवि ने इसमें स्वप्न-संदर्भ की सहायता से कथा की सुसंबद्ध रचना की है।

---

1. सं. हेमंत शर्मा, भारतेंदु समग्र, पृ. 229

'स्वप्न' एक ऐसी कविता है जिसने काव्यभाषा और शिल्प– दोनों स्तरों पर हिन्दी की आधुनिक कविता की परंपरा का आरंभ किया। आजादी के बाद की हिन्दी कविता में जो आधुनिकता दिखती है, उसके बीज हम इसमें देख सकते हैं। इस कविता में अपने समय और समाज के यथार्थ से संवाद स्थापित किया गया है और उसके लिए विवेकशील आलोचनात्मक दृष्टि रखी गई है। कवि हिन्द की धरती के लिए स्वाधीन दरख्तों से आती स्वाधीनता की खुशबू की कामना करता है। इस स्वाधीनता के लिए किसी भाग्य-नियंता से प्रार्थना नहीं करता है। कविता की अंतिम पंक्तियाँ हैं :

कहानी मेरी, प्यारे पढ़ने वाले
सब स्वप्न ही था जो देखते थे।

इससे जाहिर है कि स्वप्न की फैंटेसी के माध्यम से स्वाधीनता का स्वप्न रचा गया है। यह कविता शिल्प के स्तर पर भी लंबी कविता और फैंटेसी-शिल्प जैसी आधुनिक विशेषताओं से सम्पन्न है।

मैनेजर पाण्डेय इसे फैंटेसी मानते हैं। उनका कहना है कि ''इस कविता में फैंटेसी के माध्यम से भारत को चंद्रलोक और चंद्रलोक को भारत बना दिया गया है।''[1] रूपक / स्वप्न-संदर्भ / फैंटेसी– इन तीनों के द्वारा हम इस कविता की व्याख्या कर सकते हैं। गजानन माधव मुक्तिबोध के यहाँ फैंटेसी का उपयोग करते हुए लंबी कविता लिखने का जो चलन दिखाई पड़ता है, उसका आरंभिक रूप हम 'स्वप्न' में पाते हैं।

'स्वप्न' चंद्रलोक की एक सुंदर युवती की जीवन-कथा और प्रेम-कथा के आधार पर लिखी कविता है। उस युवती के पिता हैं लेकिन माता की मृत्यु हो गई है :

माता नहीं हमें हैं।
जीते मेरे पिता हैं।

जन्म से ही मातृहीना उस युवती की विमाता अत्यंत लालची एवं हृदयहीन है। उस सुंदरी का प्रेम वहाँ के एक युवक से हो जाता है। वह रोज ही उससे मिलती है :

वह था हम से खुश,
हम थे उससे प्रसन्न,
दिन थे मेरे खुश,
मन थे मेरे प्रसन्न।

लेकिन इस प्रीति-बंधन का पता एक दिन पिता को चल गया :

---

1. मैनेजर पाण्डेय, आलोचना की सामाजिकता, पृ. 231

एक रोज पिता ने हमको देखा,
उस प्यार के साथ वन में तनहा।

वहीं से उसके जीवन में अँधेरा छा गया। उसका पिता अत्यंत क्रुद्ध हो जाता है। लालची विमाता और क्रोधी पिता ने उसकी शादी एक अस्सी साल के वृद्ध से कर दी। वह भी बेहोशी की हालत में :

सोई थी जब तक थी मैं कुमारी
और उठी तो हो गई शादी हमारी।
हाय शादी हुई थी
बेहोश मैं जब थी
मैं सोलह बरस की
वह अस्सी बरस के

जल्दी ही उसका पति मर जाता है और...

मर ही गये वह बिचारे उस दिन हो गई मैं विधवा पर कुमारी
माता मेरी संतुष्ट हुई और घर लाई वह दौलत सारी।

अपने पति की सम्पत्ति के साथ वह 'विधवा-कुमारी' भी सदा के लिए पितृगृह चली आई। एक साल तक विधवा-जीवन जीते-जीते वह ऊबकर घर से निकल पड़ती है। घर से निकलने के बाद वह उसी वन में जाती है जहाँ प्रिय के साथ मिलन होता था :

वां से निकली तो फिर गई वन
वही वन जो कि फिरता था मन मन।

वहाँ पर उसकी भेंट अपने प्रेमी से होती है। किंतु ज्यों ही वह उससे मिलती है, उसका पिता पुन: आ जाता है :

ज्यों ही बिछुड़ी सी थी, मिली जाके
नोच डाला पिता ने फिर आके

पुत्री– विधवा पुत्री को पुनः पुराने प्रेमी के साथ देखकर वह अत्यंत क्रुद्ध होता है और :

ज़ोर से और घुमा के दे चक्कर
शून्य में फेंका यां गिरी आकर।

वह पृथ्वी पर एक भारतीय जंगल में आकर गिरती है। उस घने जंगल में गहन अँधेरी वर्षाकुल रात्रि की पृष्ठभूमि में उस युवती की दीन दशा और व्यथा का चित्रण कवि कर रहा है। चंद्रलोक की वह सुंदरी जंगल में बार-बार अपने

प्रियतम को पुकारती और उसके वियोग में तड़पती है। आखिर में वह दरख्तों को अपनी रामकहानी सुनाती है। वह करुण कहानी जिसे सुनाते वह स्वयं कह उठती है :

...सुनो दरख्तो!
रोओ यदि रो सको दरख्तो।

कई बार कविता में बीच-बीच में प्रतीत होता है, जैसे कवि वहीं कहीं आस-पास है :

आवाज़ यही एक निकट कुंज से मधुर स्वर में आती थी।
मुखचंद्र निहार हो यह विचार कि प्रेम करूँ दया दिखलाऊँ।

यह कविता के अंत में स्पष्ट होता है कि वह 'स्वप्न' देख रहा है :

कहानी मेरी, प्यारे पढ़ने वाले
सब स्वप्न ही था जो देखते थे।

लेकिन इस स्वप्न-स्थिति के द्वारा भी बहुत सतर्कता से कथा की रचना हुई है। डॉ. रामनिरंजन परिमलेंदु कहते हैं– "'स्वप्न' कविता में स्वप्न-स्थिति है, स्वप्न– संदर्भ है। किंतु इसमें स्वप्न की असंबद्धता नहीं, एक विशेष प्रकार की सुनियोजित क्रमबद्धता है।"[1]

'स्वप्न' रोमांटिक या स्वच्छंदतावादी प्रेम-कविता है। आचार्य शुक्ल छायावाद के पूर्व का स्वाभाविक स्वच्छंदतावाद जिसे कहते हैं, उसकी स्पष्ट झलक इसमें दिखती है। लेकिन इस संदर्भ में आचार्य शुक्ल से लेकर आजकल के भी साहित्येतिहास लेखकों ने जिस कविता का उल्लेख किया है, वह श्रीधर पाठक 'एकांतवासी योगी' है। सबने पाठक को ही एक मत से खड़ी बोली का पहला कवि भी मान लिया है। इस मामले में आचार्य शुक्ल के समर्थक और उनके धुर विरोधी एकमत हैं। जबकि 'एकांतवासी योगी' मौलिक कृति न होकर अनुवाद है। उसे हमारे इतिहासकारों ने इतना महत्त्व दिया लेकिन 'स्वप्न' में जो स्वाभाविक प्राकृतिक स्वच्छंदतावादी चित्रण हुआ है, वह उपेक्षित रहा।

पराधीनता की यातना का बोध और स्वाधीनता की आकांक्षा

स्वच्छंदतावादी प्रेम-कविता होने मात्र से 'स्वप्न' पहली आधुनिक कविता नहीं हो जाती है। यथार्थ और स्वप्न की बहुत ही द्वंद्वपूर्ण और विडंबनात्मक अभिव्यक्ति इस कविता के आधुनिक होने के पीछे का सर्वाधिक महत्त्वपूर्ण तर्क है। पराधीनता

1. समकालीन भारतीय साहित्य : जुलाई-अगस्त, 1999, पृ. 129

के यथार्थ का बोध और स्वाधीनता की तीव्र आकांक्षा इस कविता में निहित आधुनिकता बोध को उद्घाटित करती है। ब्रिटिश राज की सेंसरशिप के भय से कवि चंद्रलोक के रूप में समकालीन भारत के यथार्थ का चित्र खींचता है और हिंद वह आदर्शलोक या यूटोपिया (चंद्रलोक) है जिसकी वह कामना करता है। चंद्रलोक परतंत्र है। वहाँ विदेशी शासकों का वर्चस्व है। इसे वह सुंदरी बयां करती है :

क्या है यह अहा हिंद की जमीन?
होगी तो जरूर यह स्वाधीन,
चंद्रलोक से आई हूँ मैं जहाँ
अधीनता की है बड़ी ही बड़ाई।
राजा तो यहाँ यहीं के होंगे
वां तो हैं बिदेशी राज करते।

वह युवती अपनी प्रेमकथा और वेदना व्यक्त करने से पहले देश की व्यथा व्यक्त करती है। पराधीनता की पहचान इस कविता में खूब हुई है :

बेशक यह तो है हिंद की धरती।
अत्याचार की याँ तो हैं नहीं बढ़ती।
सुध में वक्तृता याँ पकड़ाती नहीं किसी को।
डर है नहीं किसी का जी चाहे जो सो बोले।
× × ×
चंद्रलोक की हूँ मैं निकाली
है अत्याचार जहाँ भारी।

इस दशा का बयान करते-करते उस युवती की आँखों में आँसू आ जाते हैं :

यह कह कर लेक ख्याल आई जो दिल में।
भींगी थी उसकी नयन वाँ जल में।

यह 1857 ई. की क्रांति के बाद के दमन-चक्र के दौर की रचना है। कवि रूपक के द्वारा भी बात कहते-कहते रुक जाता है, प्रसंग बदल देता है। उदाहरण के लिए कविता के अनुच्छेद 22 और 23 में देश-दशा की बात करते-करते अचानक युवती घबरा-सी जाती है। 24वें अनुच्छेद में वह कहती है :

सच है यह, प-ऐ मैं बकती क्या हूँ?
यह कहके वह कामिनी हुई फिर बेचूँ।

और अपनी बेचैनी में वह पेड़ों को भी मनुष्य समझकर डरती है। किसी भी

आहट से चौंक जाती है और पत्थर उठाकर अनदेखे डर पर फेंकती है। आगे वह बताती है :

तोबाह कहाँ हैं राजा के सिपाही?
आते थे मुझे पकड़ने को कहाँ जी?

फिर वह कहती है :

लोगे तो बला से लोगे तुम मेरी जाँ,

× × ×

बिहतर हो कि काराबास मरकर जाऊँ

क्या यह 'प्यारे से जुदा' होने का गम और डर है? या कहीं ऐसा तो नहीं कि देश-दशा की हालत बताने के बाद उसे सजा का डर हुआ है? मुझे लगता है कि महेश नारायण ने जान-बूझकर प्रेम कविता में पराधीनता की पीड़ा अभिव्यक्त की है। इससे अभिव्यक्ति पर जो प्रतिबंध लगा था, उसमें पकड़े जाने का खतरा कम था। प्रकृति और प्रेम के धारावाहिक अंशों के प्रकाशन के बाद इस खंड को भी उसी से संबंधित मानकर कठोर प्रेस ऐक्ट के दौर में भी प्रकाशन संबंधी छूट मिल गई होगी।

पराधीनता की इस वस्तुस्थिति के चित्र के साथ कवि मुक्ति की कामना करता है। यह मुक्ति की कामना भक्त कवियों वाली मुक्ति की आकांक्षा नहीं है। भक्तिकालीन मुक्ति- व्यक्तिगत मोक्ष की आकांक्षा है जबकि स्वतंत्रता की इच्छा- सामूहिक मुक्ति की। व्यक्तिगत मुक्ति जब सामूहिक स्वतंत्रता में बदल जाए तो वहीं से आधुनिक भाव-बोध का आरंभ होता है। महेश नारायण ने स्वाधीनता की कामना प्रकृति-चित्रण के माध्यम से ही करनी आरंभ की है :

आती थी उस जगह से स्वाधीनता की खुशबू;
स्वाधीन थे दरख्त वो स्वाधीन थी लतैं
स्वाधीन सुर थे चिड़ियों के, स्वाधीन थीं गतैं।

कवि की यह आकांक्षा अत्यंत प्रबल है जिससे बार-बार स्वाधीनता की खुशबू महसूस होती है। वह कहता है :

...अहा हिंद की जमीन?
होगी तो जरूर यह स्वाधीन।

इसके साथ ही कवि अपने आदर्श लोक का भी आरोपण करता है :

यां तो बेवजह लड़ाई नहीं होती होगी?
हाथापाई तो हवा पर नहीं होती होगी?
रऐयत आनंद में, हमसाए अमन में होंगे?
वां तो कहते हैं कि मंगल के बड़े जुल्म होंगे,
ऐसे अनेक कारण बतला वह मचाते हैं बस घनघोर लड़ाई

स्वाधीनता और इसके साथ ही खुशहाल जीवन की कामना अपनी कविता में महेश नारायण उस समय (1881) कर रहे थे, जब कांग्रेस का जन्म भी नहीं हुआ था। उस कालखंड में किसी अन्य कवि के यहाँ यह चेतना देखने को नहीं मिलती। इसलिए उमाशंकर का कहना सही है कि "वे एक सजग तथा राष्ट्रीय चेतनानुप्राणित कलाकार थे।...काव्य में राष्ट्रीय भावना को भी निर्भीक हो प्रकट किया।"[1]

सामाजिक चेतना

'स्वप्न' कविता की आधुनिकता इस बात में है कि इसमें सिर्फ राजनीतिक परतंत्रता और स्वतंत्रता की ही बात नहीं है बल्कि सामाजिक चेतना भी है। पितृसत्तात्मक सामंती समाज में स्त्री एक स्वतंत्र इकाई के रूप में नहीं ही स्वीकृत होती है। उसकी स्वतंत्र सत्ता और अस्मिता की तो बात ही बेमानी है। ऐसे समाज में वह पुरुष के होने से, उससे अपने संबंध के होने से होती है। आज भी हम देख सकते हैं कि प्रायः स्त्रियाँ हमारे समाज में पिता, पति एवं पुत्र के माध्यम से जानी जाती हैं। उनकी अपनी अस्मिता नहीं होती है बल्कि वे अपने पिता, पति या पुत्र की 'अस्मत' होती हैं। एक समुदाय की स्त्रियाँ उस समुदाय की 'इज्जत' होती हैं। पुरुष स्त्री को अपनी अस्मिता, इज्जत और संपत्ति मानकर चलता है। इसलिए उसके लिए वर चुनने का अधिकार 'पिता' के पास सुरक्षित होता है। पितृसत्ता की सामंती मनोवृत्ति 'प्रेम' का अधिकार नहीं देती है क्योंकि इससे उनकी इज्जत को खतरा होता है। इस कविता में यही दिखाया गया है। चंद्रलोक की सुंदरी एक युवक के प्रेम में है, यह उसके पिता को बर्दाश्त नहीं होता। दंड देने के उद्देश्य से और जल्दी-जल्दी में निपटाने के लिए वह उसका विवाह अस्सी वर्षीय एक वृद्ध से कर देता है। ध्यान देने की बात यह है कि यह बेमेल विवाह धन की समस्या के कारण नहीं हुआ है। वह स्वयं बताती है :

चंद्रलोक है मेरा देस वो, एक अमीर की कन्या हूँ कुमारी।

हालाँकि विमाता को धन का लोभी अवश्य दिखाया गया है। ऐसा होता है कि प्रेमजन्य बदनामी से लोग लड़की की शादी जल्दी में कर देते हैं। कुछ तो

1. उमाशंकर, महेश नारायण : व्यक्तित्व और कृतित्व, पृ. 75

सामाजिक बंधनों का भय और कुछ पुत्री के प्रति रोष के कारण ऐसी स्थिति में पात्र-कुपात्र की उतनी चिंता नहीं की जाती जितनी खानदान, जाति एवं धन की। 'स्वप्न' में ऐसा ही चित्रण हुआ है।

विवाहोपरांत वह विधवा होकर पिता के घर लौट आती है। वैधव्य से ऊबकर एक वर्ष के बाद गृह त्याग कर उसी वन में जाती है जहाँ प्रेमी से पुनर्मिलन होता है। पुत्री के वैधव्य पर यह कलंक पिता बर्दाश्त नहीं कर पाता है और सजा के तौर पर उसे शून्य में फेंक देता है। वह अपनी स्थिति से दुखी है और बार-बार पूछती है :

यां तो लड़की कभी ऐसी नहीं होती होंगी?
प्रीत के योग बेमाता के यह होती होंगे।।
यां की दरख्त रोयेगी काहे को?
अबला की यहाँ नहीं ऐसी खराबी।

डॉ. शितिकंठ मिश्र लिखते हैं– "अंग्रेजों की देखा-देखी प्रेम-विवाह (लव-मैरेज) को जाति-पाँति, कुलीनता, संपत्ति या कुंडली के आधार पर होने वाले अनमेल विवाहों– जैसे वृद्ध विवाह और बाल विवाह– से अधिक अच्छा समझा जाने लगा था।...। लेखक का यह 'स्वप्न' हमारे जड़ समाज पर एक प्रभावशाली व्यंग्य है।"[1] इसमें कवि ने प्रेम-विवाह का समर्थन चाहे न किया हो लेकिन पितृसत्ता की सामंती रूढ़ियों के द्वारा एक प्रखर युवती की स्वतंत्रता एवं अधिकारों के हनन को बहुत अच्छी तरह से चित्रित किया है।

स्वाधीनता की आकांक्षा की आंतरिक (प्रच्छन्न) धारा से सम्पन्न कविताएँ– जैसे– 'भारत-भूमि', 'स्वराज-स्वागत'– 1 एवं 2 (भारत की ओर से), 'प्यारा हिंदुस्तान', 'देश गीत' आदि– श्रीधर पाठक ने बहुत देर से 1917-1918 ई. में लिखीं। तब भी उनमें वह प्रखर तेजस्विता नहीं आ पाई है जो 'स्वप्न' में है। 1881 ई. की 'स्वप्न' की भावभूमि के सामने 1917 ई. की उनकी ये पंक्तियाँ नहीं टिकतीं :

जय-जय प्यारा भारत देश
जय-जय शुभ्र हिमाचल शृंग।
कलरव-निरत कलोलिमि गंगा
भानु-प्रताप-चमत्कृत अंग।
तेज-पुंज तब वेश
जय-जय प्यारा भारत देश।[2]

1. डॉ. शितिकंठ मिश्र, खड़ी बोली का आंदोलन, पृ. 162-163
2. डॉ. पद्मधर पाठक (सं.), श्रीधर पाठक ग्रंथावली, भाग-2, पृ. 387

4 जून, 1885 ई. को उन्होंने 'बाल-विधवा' शीर्षक एक कविता लिखी जिसकी कुछ पंक्तियाँ द्रष्टव्य हैं :

हे सखि कहिन मदन मरोर
सहि सके सो कौन त्रिभुवन वेदना अतिघोर
उठत उमंग हिय मरि अंग जोबन-जोर
बढ़त उदधि तरंग सम, पुनि पुनि अनंग हिलोर।[1]

17 अगस्त, 1885 ई. को लिखी 'जग-निठुराई' नामक कविता में भी पाठक ने विधवा का चित्रांकन किया है :

सखि री राति बैरिनी भई
प्रीति मान मृजाद की विविध मूलों मिरि गई
निरपराधिनि बालिका लघु वैसे मृदु लरिकई
ब्याहि रांड बनाइये, यह कौन सी सुधरई।[2]

इस विधवा-विरह-वर्णन का साम्य 'सांपिन भई कारि राति' से है। खड़ी बोली के इस प्रथम मान्य कवि की तुलना में महेश नारायण के 'स्वप्न' की विधवा प्रखर, आत्मचेतस् और बौद्धिक है। वह देश, समाज, आर्थिक-राजनीतिक मसलों और स्वतंत्रता की बात करती है। इसलिए कहा जा सकता है कि महेश नारायण की स्त्री-दृष्टि पाठक की तुलना में ठोस, यथार्थपरक और संतुलित है। उन्होंने स्त्री को एक इकाई मानकर चित्रण किया है।

राजभक्ति की आलोचना

भारतेंदु युग के प्रायः सभी लेखकों के यहाँ राजभक्ति और देशभक्ति का द्वंद्व मिलता है। भारतेंदु समेत प्रायः सभी लेखकों-कवियों ने अंग्रेज शासकों की प्रशंसा में कुछ-न-कुछ लिखा है। आज के स्वतंत्र और लोकतांत्रिक भारत में बैठकर हम भारतेंदुयुगीन राजभक्ति को व्यक्तिगत कमजोरी आसानी से मान सकते हैं। लेकिन यदि वह व्यक्तिगत समस्या होती तो किन्हीं एक-दो व्यक्तियों में होती। भारतेंदु युग में नए और पुराने के द्वंद्व के साथ-साथ देशभक्ति और राजभक्ति का द्वंद्व भी है। इसके व्यक्तिगत नहीं, राजनीतिक कारण रहे हैं। मध्यकाल में तो राज्य और राजा की सत्ता एक दूसरे में मिली होती थी। 'राजभक्ति' से अलग देशभक्ति का अर्थ ही नहीं था। आधुनिक युग में 'राष्ट्र' की अवधारणा आई। लोगों ने सोचना शुरू किया कि हम गुलाम क्यों हैं? गुलामी के कारण के रूप में कुछ रूढ़ियाँ दिखीं, उनके परिष्कार का कार्य किया गया। अचानक अंग्रेजी सत्ता / साम्राज्यवादी

1. डॉ. पद्मधर पाठक (सं.), श्रीधर पाठक ग्रंथावली, भाग-2, पृ. 167
2. वही, पृ. 168

सत्ता का तीव्र विरोध करने की जगह, उसकी बुराइयों की बातें की गई साथ-ही-साथ कुछ अपने हित (समाज के हित) की बातों के लिए और कुछ राजनीतिक दबाव के कारण राजभक्ति भी दिखाई गई।

राजभक्ति की प्रवृत्ति श्रीधर पाठक के यहाँ भी मिलती है। 11 सितंबर, 1913 को उन्होंने 'विक्टोरिया' नामक कविता लिखी। उसकी कुछ पंक्तियाँ हैं :

जयति विक्टोरिया, पुन्य-रासी
कौन-इंग्लैंड, श्री-हिंद-राजेश्वरी
अवनि-आनंद निधि, इंदिरा-सी

× × ×

निखिल निज-देश-सुख-दुख सहचारिणी
लोक-सौभाग्य-संसिद्धि-लग्ना
न्याय-नय-नीति-शुभ-वृति-विस्तारिनी
सतत-परमेश पद-प्रेम मग्ना।[1]

जबकि 'स्वप्न' में कवि महेश नारायण लिखते हैं :

राजभक्ति तो यहाँ खूब ही होती होगी?
राजभक्त वां भी हैं पर उन पै है तुहमत यह पड़ी
अतिभक्ति है चोरों का लक्षण, गूढ़ता काली है भक्ति में समाई।

इन पंक्तियों में राजभक्ति की ऐसी तीव्र आलोचना है कि सहसा विश्वास नहीं होता है कि यह भारतेंदुयुगीन एक कविता की पंक्तियाँ हैं। हाल के वर्षों में साम्राज्यवाद से संबंध के संदर्भ में इतिहासकारों ने भक्ति भाव की भूमिका पर विचार किया है। सबाल्टर्न इतिहास-लेखन की परंपरा के प्रवर्तक रणजीत गुहा ने भक्ति को पराधीनता की परम विचारधारा मानते हुए लिखा है कि अंग्रेजी राज की भक्ति, उससे सहयोग एवं उसका आज्ञाकारी बनने की प्रवृत्ति का एक मुख्य स्रोत भक्ति की परंपरा भी है।[2] भक्ति की भावना एक स्तर पर राजा या सामंत के प्रति भक्ति का पारलौकिकीकरण भी है। लेकिन हमें यह नहीं भूलना चाहिए कि मध्यकालीन भक्त कवियों के संबंध राजाओं से कैसे थे। सुवीरा जायसवाल मानती हैं कि भक्ति समर्पण और यथास्थितिवाद का दर्शन है।[3] ज्ञान चतुर्वेदी उसे समर्पण की अद्वितीय विचारधारा बताते हैं। खैर, अगर राजभक्ति, भक्ति को एक मध्यकालीन लक्षण मानें तो 'स्वप्न' उसका निषेध करती है और आधुनिकता की कसौटी पर खरी उतरती है।

---

1. डॉ. पद्मधर पाठक (सं.), श्रीधर पाठक ग्रंथावली, भाग-2, पृ. 165
2. मैनेजर पाण्डेय, आलोचना की सामाजिकता, पृ. 232
3. सुवीरा जायसवाल, वैष्णव धर्म का उद्भव और विकास

स्वशासन की आकांक्षा

19वीं शताब्दी के उत्तरार्द्ध में 'स्वशासन' की माँग भारतीयों ने उठानी शुरू की। यह स्वर पत्र-पत्रिकाओं के द्वारा मुखरित हो रहा था। 1880 ई. के बाद इसमें विशेष तीव्रता आई। बाद में, राष्ट्रवादी नेताओं ने भी इसका समर्थन किया। 'बिहार-बंधु' (7 जनवरी, बुधवार, 1880; जिल्द 8, पृष्ठ संख्या 4) ने 'हिंदुस्तान के लिए हुकूमत क़ाइम मुक़ामी' शीर्षक वाले संपादकीय अग्रलेख में कहा था :

"इस बात से बड़ी खुशी हासिल हुई कि अंजुमन हिंद ने हिंद की हुकूमत क़ाइम मुक़ामी के लिए तहरीक की है। हिंद के लिए और कोई असर इससे ज़ियादेतर फ़ाइदेमन्द नहीं है। अगर यह बात किसी तरह हिंदुस्तान के लिए क़ाइम होवे तो इस मुल्क को कहाँ तक नफ़ा होगा, अभी क़यास भी नहीं किया जा सकता है। हर मुल्क वालों की हमेशा यह ख़्वाहिश होती है कि अपनी हुकूमत आप करें। नेक और बद को दरयाफ़्त करके खुद कार्रवाई किया करें। ज्यों-ज्यों कोई कौम इल्म और हुनर में तरक्की करती जाती है और अपने हकों को पहचानती जाती है तों-तों यह ख़्वाहिश रोज़-ब-रोज़ बढ़ती जाती है।"

कलकत्ता से प्रकाशित हिंदी साप्ताहिक पत्र 'सारसुधानिधि' (12 जुलाई, 1880) ने 'भारतवर्ष में प्रतिनिधि शासन प्रणाली की आवश्यकता' शीर्षक से संपादकीय अग्रलेख लिखा। उसी ने 28 फरवरी, 1881 के अंक में 'लार्ड रिपन के प्रति प्रतिनिधि शासन प्रणाली विषयक स्मरणपत्र' शीर्षक से संपादकीय अग्रलेख लिखा। इलाहाबाद से प्रकाशित मासिक पत्र 'हिंदी प्रदीप' (1 मई, 1886 ई. और 1 जून, 1886 ई.) ने 'प्रतिनिधि शासन' शीर्षक से संपादकीय लिखा। यह सब निश्चय ही भारतीय जनगण के दिल की आवाज थी, लेकिन तत्कालीन उपनिवेशवादी, साम्राज्यवादी शासकों में प्रतिनिधि शासन एवं स्वशासन प्रणाली के प्रति ईमानदारी का अभाव था। महेश नारायण ने 'स्वप्न' में लिखा है :

सीखो तो करोगे राज तुम भी,
सीखें जरूर सिखावें जो कोई पर द्रव्य कहाँ जो देवें सिखाई
वह लोग तो हैं नहीं सिखाने के
कहते हैं करोगे तुम यह मिहनत काहे
कुछ और जो बोले तो कूढ़ पड़े और कहने लगे कि है कैसी ढिठाई।

आर्थिक शोषण

"1870 ई. से 1905 ई. के बीच बहुत से भारतीय बुद्धिजीवियों ने ब्रिटिश शासन के आर्थिक पहलू को विश्लेषित किया।...उन्होंने आर्थिक नीतियों के बुनियादी तत्त्वों को खुद भी समझा और दूसरों को भी समझाया कि ये नीतियाँ किस तरह से शोषण

के दरवाजे खोलती हैं।''[1] धीरे-धीरे लोगों को यह समझ में आने लगा कि 'अगर भारत आज गरीब है तो इसके पीछे सिर्फ आर्थिक कारण हैं।' 1840 ई. से ही ब्रिटिश अर्थशास्त्रियों, राजनयिकों और अफसरों ने भारत में विदेशी पूँजी-निवेश की पैरवी शुरू कर दी। भारतीय पूँजी निचोड़कर विदेश ले जाई जा रही थी। दादा भाई नौरोजी ने खुलकर कहा कि ''विदेशी पूँजी भारतीय संसाधनों की लूट और शोषण का ज़रिया है।''[2]

उपनिवेशवाद द्वारा लूट की चिंता उस समय के प्राय: सभी लेखकों ने दिखाई है। भारतेंदु ने 'भारत-दुर्दशा' में इसका चित्र खींचा। सन् 1876 ई. में कवि लक्ष्मी प्रसाद ने विदेशी शासकों के द्वारा भारतीय धन के अपहरण का उल्लेख किया। बालकृष्ण भट्ट ने अपने अनेक निबंधों, जैसे 'मुल्क की तरक्की क्या चीज है', 'स्वतंत्र वाणिज्य', 'स्वराज्य क्या है'– में इस आर्थिक शोषण को दिखलाया। 'होली धम्माड़' नामक अपनी कविता में उन्होंने कहा :

निज सुख हेतु भूप परदेशी लै गये धन सब घर ढोई।

भारतीयों द्वारा अपने आर्थिक हितों और हक की बात करना, अंग्रेजी शासकों के समक्ष गलत बात थी। ऐसा करना न केवल मुश्किल बल्कि काफी जोखिम भरा था, क्योंकि भारत तब पराधीन था और पराधीन देश के नागरिकों, बुद्धिजीवियों एवं लेखकों-कवियों को तीखे सवाल पूछने का अधिकार नहीं था, इसके बावजूद 'स्वप्न' कविता में महेश नारायण ने लिखा :

रूपये तो यहाँ के याँ ही रहते होंगे?
और याँ के भले में सर्फ़ होते होंगे?
वाँ तो जमा भी नहीं होते, कि हैं कर लेते वह अगोड़ बटाई
हम लोग हमेशा चुप ही रहते हैं वहाँ,
और शाज जो पूछा रूपये सब यह जाते हैं कहाँ?
तो कहते हैं वह क़समें खा खा कि हैं करते हम इस्से तुम्हारी भलाई।

यहाँ पर जिस तरह से सीधे-सीधे अंग्रेजों की आर्थिक नीतियों का उद्‌घाटन हुआ है, वैसा 1880 ई. के आस-पास की खड़ी बोली कविता में दुर्लभ है। 1887 ई. में श्रीधर पाठक ने 'हेमंत' कविता लिखी। उसमें यत्र-तत्र जमींदारी-प्रथा, महाजनी व्यवस्था में पिसते किसान का हल्का चित्र प्रस्तुत किया गया है। ऐसे में 'स्वप्न' का यह अंश उसे अपने समय के आर्थिक पहलू के निर्भीक चित्रण के द्वारा महत्त्वपूर्ण बना देता है।

---

1. बिपन चंद्र, 'भारत का स्वतंत्रता संघर्ष', पृ. 56-57
2. वही, पृ. 58

उपनिवेशवाद में गुलाम देश को साम्राज्यवादी देश के अतिरिक्त खर्चों का वहन करना पड़ता है। भारत ने भी वर्षों इंग्लैंड के साम्राज्यवादी ताम-झान का बोझ उठाया। भारत की तत्कालीन ब्रिटिश सरकार 'काबुल युद्ध' में अनावश्यक रूप से पड़ी थी। इस युद्ध का व्यय भारत के निजी राजस्व पर आश्रित था।[1] इसकी पृष्ठभूमि में 'स्वप्न' की निम्नलिखित पंक्तियाँ देखनी चाहिए :

याँ तो बेवजह लड़ाई नहीं होती होगी?
हाथापाई तो हवा पर नहीं होती होगी?
रऐयत आनंद में हमसाए अमन में होंगे?
वाँ तो कहते हैं कि मंगल के बड़े जुल्म होंके,
ऐसे अनेक कारण बतला वह मचाते हैं कि बस घनघोर लड़ाई

उपरोक्त इन पंक्तियों के परिप्रेक्ष्य में हम प्रथम विश्वयुद्ध को ध्यान में रखकर श्रीधर पाठक द्वारा 20 फरवरी, 1915 को रचित 'युद्ध पुकार' कविता को कुछ पंक्तियाँ देखें :

उठ-उठ भारतवर्ष आलसी, आलस तज रे
कर धारण रण-वस्त्र अस्त्र शस्त्रों से सज रे
खबर तार की तेज आज योरप से आई
ब्रिटेन जर्मनी बीच कड़ी ठन पड़ी लड़ाई

× × ×

नहीं भूलना ब्रिटिश छत्र की सुख-छाया को
रक्षित रखना आर्य वंश की यश-काया को।[2]

बतलाने की जरूरत नहीं है कि 'स्वप्न' में व्यक्त भाव स्वचेतस् भारतीय के हैं जबकि पाठक की राजभक्ति इन पंक्तियों के जरिये बोल रही है।

अभिव्यक्ति एवं आत्मरक्षा का अधिकार नहीं

पराधीन राष्ट्र में अभिव्यक्ति की स्वतंत्रता कैसे संभव है? अंग्रेजी राज में प्रेस का जो प्रचार-प्रसार बढ़ा, उससे भारतीयों में चेतना का संचार होने लगा। अंग्रेजों ने इसे अपने लिए खतरनाक माना और तमाम प्रतिबंध लगाए। 1857 ई. की क्रांति के बाद भारत सीधे ब्रिटेन की महारानी के शासन में आ गया। इसके बाद भारतीय

---

1. (क) आर. एल. शुक्ल (सं.), आधुनिक भारत का इतिहास, देखें, लेख– 'नेपाल, बर्मा, अफगानिस्तान तथा तिब्बत के प्रति ब्रिटिश नीति', पृ. 438-460
   (ख) सार सुधानिधि– 13 जनवरी, 1879 ई., 20 जनवरी, (काबुल का युद्ध)
   (ग) बिहार-बंधु– 29 अप्रैल, 1880 ई. (काबुल की लड़ाई का खर्च)
2. डॉ. पद्मधर पाठक (सं.), श्रीधर पाठक ग्रंथावली, भाग-2, पृ. 268

शासन को व्यवस्थित करने के लिए अनेक अधिनियमों की घोषणाएँ ब्रिटिश शासन के द्वारा की गईं जिनमें आर्म्स ऐक्ट और प्रेस ऐक्ट प्रमुख थे। 1867 ई. में पंजीकरण अधिनियम पारित किया गया जिसका उद्देश्य मुद्रणालयों तथा समाचार-पत्रों को नियमित करना था। वहाबी आंदोलन के कारण राजद्रोही लेखों पर प्रतिबंध लगा दिया गया तथा भारतीय दंड संहिता की धारा 124 में 124-ए जोड़ दी गई। इसके तहत राजद्रोहियों को आजीवन निर्वासन अथवा जुर्माने का दंड दिया जा सकता था।

एक तरफ साम्राज्यवादी सरकार यह सब कर रही थी, दूसरी तरफ भारतीय भाषाओं के पत्रों का प्रभाव लगातार बढ़ता जा रहा था। 1870 ई. के बाद उनके प्रसार में काफी वृद्धि हुई। भाषायी समाचार-पत्रों में सरकार की भारतीय हितों के विरुद्ध जाने वाली नीति की कटु आलोचना होती थी। लॉर्ड लिटन के प्रशासन की तो उन्होंने खुलकर आलोचना की, खास कर 1876-77 के अकालपीड़ितों के प्रति ब्रिटिश सरकार के अमानवीय रवैये की। भाषायी समाचार-पत्रों का प्रसार सिर्फ मध्यवर्ग तक ही नहीं रहा बल्कि आम आदमी तक पहुँचने लगा। इस पर ब्रिटिश सरकार की बौखलाहट स्वाभाविक ही थी। उसने इन भाषायी समाचार-पत्रों पर दमन की कुल्हाड़ी चलाई, 1878 ई. के देशी मुद्रण-यंत्र शासन प्रणाली अर्थात् वर्नाक्यूलर प्रेस ऐक्ट के रूप में। यह कानून देशी, भाषायी समाचार-पत्रों पर अंकुश लगाने के लिए था। इस कानून के प्रावधान में कहा गया था- ''अगर सरकार समझती है कि कोई समाचार-पत्र राजद्रोहात्मक सामग्री छाप रहा है या उसने सरकारी चेतावनी का उल्लंघन किया है, तो सरकार उस समाचार-पत्र, उसके प्रेस व अन्य सामग्री को ज़ब्त कर सकती है।''[1] इसके पश्चात् 1879 ई. में 'भारतीय प्रेस ऐक्ट' लागू किया गया। इसका भारतीय राष्ट्रवादियों ने जमकर विरोध किया। इस मुद्दे को लेकर कलकत्ता के टाउन हॉल में एक विशाल सार्वजनिक सभा हुई। भारतीय प्रेस एवं दूसरे अन्य संगठनों ने भी इसके खिलाफ संघर्ष छेड़ा। 'स्वप्न' में प्रेस की इस स्थिति का चित्रण इन पंक्तियों में हुआ है :

समाचार पत्र याँ के होंगे स्वाधीन?
जबाँ उनकी काहे गई होगी छीन?
देशी समाचार पत्र हैं वाँ भी पर बंद है इनकी स्वाधीन छपाई।

इन पंक्तियों में कविता की नायिका बताती है कि उसके देश में 'देशी समाचार-पत्र' (भाषायी पत्र) हैं लेकिन उनकी स्वाधीन छपाई बंद है। 'वर्नाक्यूलर प्रेस ऐक्ट' द्वारा देशी भाषाओं के समाचार-पत्रों पर जो लगाम लगाई गई, उसका स्पष्ट उल्लेख यहाँ हुआ है। इसे बताने के साथ-साथ वह उम्मीद करती है कि यहाँ के समाचार-पत्र स्वाधीन होंगे।

---

1. बिपन चंद्र, भारत का स्वतंत्रता संघर्ष, पृ. 67-68

'स्वप्न' में अभिव्यक्ति पर लगे इस प्रतिबंध के साथ-साथ 1857 ई. की क्रांति के बाद के लगाए गए तमाम प्रतिबंधों का चित्रण किया गया है। ब्रिटिश सरकार द्वारा 'आर्म्स ऐक्ट' लागू कर भारतीयों को निरस्त्र और प्रतिरोधहीन बना दिया गया। प्रतिरोध की क्षमता और इच्छा को समाप्त करने के लिए उपनिवेशवादी सरकार ने जो कदम उठाए, उनका पर्याप्त संकेत इन पंक्तियों में है :

रयेयत तो यहाँ रखती होगी अपना हथियार
हम लोगों के पास वां नहीं है एक तलवार
है हम लोगों को उनकी यह भक्ति,
कि दे के सब अस्त्र स्वाधीनता ही गँवाई।

कविता की नायिका यह बताती है कि चंद्रलोक में कोई व्यक्ति अपना अस्त्र-शस्त्र नहीं रखता। उसे इस बात का मलाल है। वह कहती है कि हम लोगों को अपने शासकों पर इतनी भक्ति है कि अपने अस्त्र ही त्याग दिए। इसलिए ही तो हमने स्वाधीनता गँवा दी है। इसके साथ ही वह पूछती है कि यहाँ तो लोग अपने हथियार रखते होंगे? आत्मरक्षा के लिए भी हथियार नहीं रख पाने की विवशता को कवि ने यहाँ उठाया है। इस तरह से वह आर्म्स ऐक्ट का विरोध भी करता है।

1857 ई. के बाद महारानी विक्टोरिया के घोषणा-पत्र में भारतीयों से तरह-तरह के वादे किए गए थे पर, मैनेजर पाण्डेय से शब्द लेकर कहें तो, "वादाखिलाफी साम्राज्यवाद के चरित्र की बुनियादी विशेषता है।"[1] बहुत तरह के वायदे एवं उम्मीदें यहाँ के लोगों के सामने थीं लेकिन धीरे-धीरे पोल खुलती ही गई। इस सचाई को 'स्वप्न' इस प्रकार उद्‌घाटित करती है :

आशा है बहुत वह हम को देते
आशाओं पर हम से काम लेते
बादा जो ख़िलाफ़ हो कहें वह
आया है नहीं अभी समय वह
धीर धरो फल पाओगे तुम,
क्या है अभी उम्र तुम्हारी गँवाई।

स्वप्न-स्थिति

'स्वप्न' में तत्कालीन स्थितियों की उपस्थिति पूरी वास्तविकता में है लेकिन उन्हें फैंटेसी एवं स्वप्न-संदर्भ के जरिये व्यक्त किया गया है। वास्तव में 19वीं सदी में भारत में नवजागरण की जो प्रक्रिया आरंभ हुई, उसमें 'स्वप्न' पर बहुतायत से रचनाएँ हुईं। मैनेजर पाण्डेय लिखते हैं, "इस प्रवृत्ति की पहचान को अगर हम

---

1. मैनेजर पाण्डेय, आलोचना की सामाजिकता, पृ. 233

केवल हिंदी साहित्य तक सीमित रखें तो भी यह स्पष्ट हो जाएगा कि 19वीं सदी के उतरार्द्ध से लेकर 20वीं सदी के चौथे दशक तक के हिंदी साहित्य में स्वप्न अनेक रूपों में हमारे सामने आता है।''[1] भारतेंदु युग में स्वप्न से संबंधित अनेक रचनाएँ लिखी गई थीं। उनमें से कुछ हैं– राजा शिवप्रसाद 'सितारेहिंद' की कहानी 'राजा भोज का सपना', बाबू तोताराम का निबंध 'एक अद्‌भुत अपूर्व स्वप्न', बालकृष्ण भट्ट का 'विचित्र स्वप्न', राधाचरण गोस्वामी का 'यमलोक की यात्रा', बालमुकुंद गुप्त का 'दिवास्वप्न के रूप में', 'शिवशम्भु का चिट्‌ठा', राधाकृष्ण दास द्वारा रचित 'स्वर्ग की सैर', पंडित अंबिकादत्त व्यास कृत 'आश्चर्य वृत्तांत' आदि। इसी क्रम में हम रामनरेश त्रिपाठी की रचना 'स्वप्न' को याद कर सकते हैं और उसके पश्चात् छायावादी कविता में मौजूद स्वप्न को भी। इनमें से 'स्वर्ग की सैर' (1884 ई.) एवं 'आश्चर्य वृत्तांत' (1893) पर 'स्वप्न' कविता की परिसमाप्ति का स्पष्ट प्रभाव है।

प्रश्न उठता है कि नवजागरणकालीन साहित्य में स्वप्न की इतनी उपस्थिति क्यों है? स्वयं महाकवि रवीन्द्रनाथ ठाकुर ने 'निर्झरेर स्वप्न भंग' की रचना की है। 'स्वप्न की इस उपस्थिति और उसके रचनात्मक प्रयोग के पीछे का संवेदनात्मक उद्देश्य क्या है? आखिर स्वप्न-संदर्भों से कवि क्या स्पष्ट करना चाहता है? इस संदर्भ में वाल्टर बेंजामिन का कथन विशेष रूप से उल्लेखनीय है। उन्होंने लिखा है कि 'प्रत्येक युग आनेवाले युग का केवल स्वप्न ही नहीं देखता बल्कि स्वप्न देखने की प्रक्रिया में ही जागरण की दिशा में आगे बढ़ता है।' 19वीं सदी के भारतीय साहित्य और विशेष रूप से हिंदी साहित्य में स्वप्न के रचनात्मक उपयोग का एक उद्देश्य नये युग की संभावनाओं की खोज करना और उसके साथ ही आत्म-सजग होकर सामाजिक रूप से जाग्रत होना भी था। उसमें स्वप्न और यथार्थ के द्वंद्व से गुजरकर वास्तविकता की अभिव्यक्ति पर जोर था। 'स्वप्न' कविता में पराधीनता के यथार्थ और स्वाधीनता के स्वप्न की द्वंद्वात्मकता को स्पष्ट देखा जा सकता है। यही द्वंद्वात्मकता इस कविता को पहली आधुनिक कविता सिद्ध करती है। व्यापक सामाजिक एवं राजनीतिक यथार्थ को इस कविता ने पकड़ा है। इसे देखकर ही फ्रेडरिक पिन्कॉट ने 'खड़ी बोली का पद्य' के लंदन संस्करण की भूमिका में लिखा है– "...a longer composition by Babu Mahesh Narayan, entitled 'Sleep' the object of which is to awaken Indians from there torpor, and to infuse them to engage in useful and patriotic undertakings,..."[2]

---

1. मैनेजर पाण्डेय, आलोचना की सामाजिकता, पृ. 230
2. आचार्य शिवपूजन सहाय एवं नलिन विलोचन शर्मा (सं.), अयोध्या प्रसाद खत्री स्मारक ग्रंथ, पृ. 107

फैंटेसी-शिल्प

यों तो 'चंद्रलोक' को 'हिंद' एवं 'हिंद' को 'चंद्रलोक' बनाने को साँगरूपक भी कहा जा सकता है लेकिन इस कविता में जो विस्तृत स्वप्न-संदर्भ हैं उन्हें फैंटेसी कहना ही उपयुक्त है। गिरिजा कुमार माथुर ने लिखा है– "यह परिपूर्ण रचना थी जिसमें खड़ी बोली का चुस्त और मुहावरेदार प्रयोग फैंटेसी शिल्प में किया गया था।"[1] मुक्तिबोध से वर्षों पहले महेश नारायण ने फैंटेसी-शिल्प का प्रयोग किया था। इस कविता में भारत और चंद्रलोक की स्थिति को परस्पर उलट तो दिया ही गया है, साथ ही कथा को असंबद्ध ढंग से व्यक्त किया गया है। कवि जंगल और अँधेरी रात में अकेली युवती का चित्र खींचता है। वह युवती बीच-बीच में कुछ-कुछ बड़बड़ाती है। अंत में वह अपनी 'रामकहानी' दरख़्तों को सुनाती है। इसमें फ्लैश-बैक टेकनीक का उपयोग हुआ है। पहले वर्तमान स्थिति का चित्रण है और नायिका बाद में अपने अतीत की कथा बताती है। फैंटेसी के प्रयोग के द्वारा कवि को वर्णन की कुछ सहूलियत मिल गई है।

फैंटेसी का प्रयोग करते हुए कवि ने कहीं इतिवृत्तात्मक तो कहीं सांकेतिक वर्णन किया है। द्विवेदीयुगीन इतिवृत्तात्मकता की झलक इस कविता की वर्णन-कला में दिखती है। कवि ने स्वाधीनता की बात संक्षेप में की है और प्रकृति वर्णन बहुत ही ब्योरे से। इस संभावना से इनकार नहीं किया जा सकता कि इस वर्णनात्मकता के जरिये कवि इस कविता को प्रकृति प्रेम की कविता के रूप में प्रस्तुत करना चाहता है। 'वर्नाक्यूलर प्रेस ऐक्ट' के जमाने की यह कविता है, इसे ध्यान रखना चाहिए।

लंबी कविता

हिन्दी की इस पहली लंबी कविता का शिल्प जिस फैंटेसी पर आधारित है, उसका विकसित रूप हम आगे चल कर 'अँधेरे में' कविता में देखते हैं। दोनों में अद्भुत समानताएँ हैं। 'अँधेरे में' का सूत्रधार/कवि रात के अँधेरे में स्वप्न या अवचेतन में जो भी घटित होते देखता है, वह उसके परिवेश का यथार्थ है। 'स्वप्न' में भी स्वप्न-स्थिति के माध्यम से जो कुछ उद्घाटित होता है, वह कवि के अपने समय, समाज का यथार्थ है। फैंटेसी और अँधेरे के साथ-साथ स्वप्न-स्थिति की समानता दोनों कविताओं में है।

संरचना के स्तर पर फैंटेसी के प्रयोग से पराधीन स्त्री और पराधीन देश का साम्य कवि ने खूबसूरती से स्थापित किया है। स्त्री अपनी स्वाधीनता के माध्यम से देश की स्वाधीनता का स्वप्न देख रही है। चन्द्रलोक से जब पिता ने उसे फेंक

---

1. संकलन-मैथिलीशरण गुप्त : एक मूल्यांकन, पृ. 87

दिया तो वह एक तरह से उसके चंगुल से आजाद हो चुकी है और यहाँ आकर देश की स्वाधीनता के लिए स्वप्न देख रही है।

'आधुनिक काल' काव्य-खंड के प्रकरण-2, जिसमें 1868 ई. से 1893 ई. तक की चर्चा हुई है, में आचार्य शुक्ल लिखते हैं– ''विषयों की अनेकरूपता के साथ-साथ उनके विधान का ढंग भी बदल चला। प्राचीन धारा में 'मुक्तक' और 'प्रबंध' की जो प्रणाली चली आती थी, उससे कुछ भिन्न प्रणाली का भी अनुसरण करना पड़ा।...नवीन धारा के आरंभ में छोटे-छोटे पद्यात्मक निबंधों की परंपरा भी चली जो प्रथम उत्थानकाल के भीतर तो बहुत कुछ भावप्रधान रही पर आगे चलकर शुष्क और इतिवृत्तात्मक (मैटर ऑव फैक्ट) होने लगी।''[1]

अब प्रश्न उठता है कि शुक्ल 'पद्यात्मक निबंध' किसे कह रहे हैं? किशोरी आचार्य लाल गुप्त के अनुसार, मुक्तक एवं प्रबंध काव्य के बीच की रचनाओं को निबंध काव्य कहते हैं। वे अपनी पुस्तक 'भारतेंदु एवं अन्य सहयोगी कवि' में निबंध काव्य को परिभाषित करते हुए लिखते हैं कि ''किसी भी विषय पर सम्यक् तथा सुसंबद्ध रूप से लगातार कई छंदों में की गई रचना को निबंध काव्य कहते हैं।'' यहाँ यह स्पष्ट करना आवश्यक हो जाता है कि उस समय के आलोचकों ने जिसे 'पद्यात्मक निबंध' और 'निबंध काव्य' कहा है, क्या वही लंबी कविता है? लंबी कविता की बहुत ही निजी एवं पहली विशेषता होती है– (i) गहरा भाव-बोध और (ii) आंतरिक अनुशासन। आचार्य शुक्ल ने भी पद्यात्मक निबंधों की विशेषता 'भावप्रधान' होना बताई है। आंतरिक अनुशासन को ही किशोरीलाल गुप्त ने 'सम्यक् तथा सुसंबद्ध' कहा है। इस तरह से देखें तो 'स्वप्न' खड़ी बोली हिंदी की पहली लंबी कविता है।

लंबी कविता आधुनिक काल की एक प्रमुख साहित्यिक विधा है। इसे स्पष्ट ही आधुनिकता से जोड़ा जाता है। 'स्वप्न' बत्तीस अनुच्छेदों के अंतर्गत 563 पंक्तियों में विन्यस्त लंबी कविता है। डॉ. रामनिरंजन परिमलेंदु ने लिखा है कि ''ईसा की 19वीं शती में इतनी बड़ी और लंबी खड़ी बोली कविता हिंदी में किसी कवि ने नहीं की थी।[2] इस लंबी कविता में फैंटेसी, मिथक आदि का प्रयोग भी हुआ है। चंद्रलोक, महादेव आदि मिथकीय प्रयोग हैं। स्वप्न की स्थिति होने के बावजूद इस कविता में गहरा आंतरिक अनुशासन एवं सुसंबद्धता है। भाव के स्तर पर सर्वप्रथम यह प्रेम कविता ही है। इसका भाव-बोध व्यापक एवं जटिल है। इसके साथ-साथ उसमें समग्रता दिखाई देती है। जीवन के व्यापक अनुभवों को कवि ने अपनी संवेदना में शामिल किया है। इन तमाम विशेषताओं के बूते यह

1. आचार्य रामचंद्र शुक्ल, हिंदी साहित्य का इतिहास, पृ. 319
2. डॉ. रामनिरंजन परिमलेंदु, भारतेंदु काल के भूले-बिसरे कवि और उनका काव्य, पृ. 332

कविता आधुनिक लंबी कविता की कसौटी पर पूरी तरह खरी उतरती है। इसलिए इसे पहली आधुनिक कविता मानना तार्किक है।

स्वच्छंदतावादी रुझान, प्रकृति-चित्रण, प्रतीकात्मक प्राकृतिक परिवेश

डॉ. रामनिरंजन परिमलेंदु लिखते हैं कि "रहस्यभावापन्न वृत्ति, अंतर्भावव्यंजक निरूपण, सौंदर्य संघटन, प्रकृति-मोह, रोमांचक वृत्ति, अतृप्ति व्यंजना, नैराश्य, लाक्षणिक वैलक्षण्य, प्रतीक पद्धति, चित्रभाषा शैली, बंधन मुक्ति, अभिव्यंजनागत स्वच्छंदता आदि के समग्र संकेत 'स्वप्न' कविता में मिलते हैं। इस दृष्टि से महेश नारायण छायावाद के प्रवर्तक कवि हैं।"[1] उनका मानना है कि छायावाद काव्य का सफल उदाहरण 'स्वप्न' कविता का पूर्वार्द्ध है। छायावाद के अनुसंधानकर्ताओं और विद्वानों द्वारा इसकी उपेक्षा को वे 'महान् सत्य की अवहेलना' मानते हैं। महेश नारायण के रहस्यात्मक आवेग का उदाहरण वे इन पंक्तियों में दिखाते हैं :

करुणामय परमेश्वर की वह पहाड़ी भी ज्योति प्रकाशक थी,
अजीब, अनंत, अभाष्य अगर थी तो भी लखगुण गायक थी।

ध्यान देने की बात यह है कि ये पंक्तियाँ 'बिहार-बंधु' के पाठ में नहीं हैं। इसके साथ ही भाषा एवं भाव, दोनों स्तरों पर यह कवितांश पूरी कविता में अनमेल है। यह प्रकृति-वर्णन में भी संगत नहीं बैठता। इसके ऊपर-नीचे की पंक्तियाँ इस तरह हैं :

बलाग़त से हिमाक़त में खड़ी थी,
दरख्तों के गले में एक लड़ी थी।

करुणामय परमेश्वर की वह पहाड़ी भी ज्योति प्रकाशक थी,
अजीब, अनंत, अभाष्य अगर थी भी तो लखगुण गायक थी।
नहीं वक्त का डर, नहीं खौफ अजल, वह पहाड़ी खड़ी की खड़ी ही रहेगी।
हजारों मरे हैं, हजारों मरेंगे, पहाड़ी अड़ी की अड़ी ही रहेगी।

यह स्पष्ट ही दिखता है कि इस कविता की प्रकृति एवं प्रवृत्ति दोनों में ये पंक्तियाँ असंगत हैं।

इस कविता के पूर्वार्द्ध की सबसे मुख्य विशेषता प्रकृति-चित्रण है। इसलिए यह कहना ज्यादा तर्कसंगत है कि यह स्वच्छंदतावादी (रोमांटिक) प्रेम कविता है। डॉ. दिनेश्वर प्रसाद एवं मैनेजर पाण्डेय इसे स्वच्छंदतावादी स्वभाव की रचना ही मानते हैं। इस कविता में प्रकृति को अनेक रूपों में निरूपित किया गया है। प्रकृति का यथातथ्य चित्रण, मानव-भावनाओं से अनुरंजित प्रकृति-आलंबन, उद्दीपन

1. डॉ. रामनिरंजन परिमलेंदु, भारतेंदु काल के भूले-बिसरे कवि और उनका काव्य, पृ. 349

एवं पूर्वपीठिका के रूप में प्रकृति-निरूपण, मानवीकरण आदि। प्रकृति का मानवीकरण छायावादी काव्य की मुख्य विशेषताओं में एक है। इन विशेषताओं को हम उदाहरण के साथ देख सकते हैं। प्रकृति का यह मनोहर चित्रण इन पंक्तियों की मुख्य विशेषता है :

और एक झरना बहुत शफ़्फ़ाफ़ था,
बर्फ के मानिन्द पानी साफ था,
आरंभ कहाँ है कैसे था वह मालूम नहीं हो,
पर उसकी बहार
हीरे की हो धारा
मोती का हो गर खेत,
कुंदन की हो वर्षा,
और विद्युत की छटा तिर्छी पड़े उन पै गर आकर,
तो भी वह विचित्र चित्र सा माकूल न हो।

मानव-भावनाओं या स्थितियों के चित्र भी कवि ने प्रकृति के माध्यम से खींचे हैं :

तकने लगी डर से फिर वह वृक्षों को,
हटने लगी फिर समझ मनुष्य इनको,
थर्राती थी भय से वह न जाने क्यों?
डरते हैं सन्मुख में दुष्ट मुन्सिफ के ज्यों,

अंतिम पंक्ति को इस तरह से पढ़ें : 'डरते हैं सन्मुख में, दुष्ट मुन्सिफ के ज्यों,' तो इस तरह अंग्रेजी राज के अधिकारियों, कर्मचारियों के द्वारा समाज में फैलाये गए अत्याचार की स्पष्ट झलक मिल जाएगी। कवि बताता नहीं है, वह पाठक की कल्पना पर छोड़ता है कि वह जाने क्यों डर रही है? आखिर इस डर के पीछे मुन्सिफ की कौन-सी दुष्टता है? उसने अपनी तरफ से अर्द्धविराम नहीं लगाया है। वह यह नहीं कहना चाहता कि दुष्ट व्यक्ति मुन्सिफ के आगे डरता है। हाँ! यदि ऐसी जरूरत पड़ी तो नहीं दिया गया अर्द्धविराम उसकी मदद करेगा। ऐसे रचना-कौशल से यथार्थ की अभिव्यक्ति करने वाली इस कविता को पहली आधुनिक कविता क्यों नहीं माना जाए?

प्रकृति का मानवीकरण स्वच्छंदतावादी काव्य की एक महत्त्वपूर्ण विशेषता है। 'स्वप्न' कविता में उसके उदाहरण भी मिलते हैं :

पहाड़ी ऊँची एक दक्षिण दिशा में
खड़ी थी सर उठाये आस्मां में

प्रकृति-चित्रण के बीच में कवि कई जगह दार्शनिक भाव व्यक्त करता है। जैसे :

वह राक्षसी उजाला

× × ×

ज़िन्दगी में बहुत ऐसी ही चमकती हुई चीज़
जीव अनमोल को करती है हकीर वो नाचीज़।

× × ×

नहीं सत्य प्रीत कभी बड़बड़ाती
नहीं गूढ़ विद्या कभी फड़फड़ाती।

इस कविता में जिस प्रकृति का चित्र खींचा गया है– वह एक जंगल का और उसमें घोर अँधेरी रात का चित्र है। जंगल ऐसा घना है कि– 'नहीं सूर्यदेव उस धूप को चमका सकते, चमका सकते' ऐसे जंगल में जब– 'थी अँधेरी रात और सुनसान था' तो कैसा भयावह दृश्य होगा, इसकी कल्पना ही की जा सकती है। इससे भी कवि संतुष्ट नहीं है। वह दिखाता है कि 'बादल था गरजता / बिजली थी चमकती।' इस वर्षा की अँधेरी रात में उस वन की हालत यह है– 'थी उजाला ज़रा न उस वन में / थी अँधेरी चमक वह कानन में।' इस घनघोर रात में जब 'दरख्तों की हू हू, पवन की लपट' किसी का भी दिल दहला दे, तो एक युवती उस जंगल में अकेली रो रही है। मुझे तो ऐसा लगता है कि प्रकृति का यह विषम चित्रण दो स्तरों पर अर्थबोध कराता है। एक स्तर पर वह काव्य की नायिका की प्रतिकूल जीवन परिस्थितियों का चित्रण है। कवि प्रकृति की प्रतिकूलता के द्वारा दिखाता है कि उस सुंदरी का जीवन कितना कठिन है, उसके हृदय में कितना कोलाहल है :

बिजली जो कहीं चमकती आसमां में शायद
घबड़ाहट अधिक थी उससे उसकी जाँ में शायद
दिल में थी अँधियारी सारी
रजनी की नहीं वैसी अँधियारी।

दूसरे स्तर पर यह देश की पराधीन दशा का बोध कराने वाला है। गुलामी की अवस्था कैसी अँधेरी अवस्था है, वहाँ जीवन जंगल में जीने, पेड़ों से भी डरने और रोने के सिवा क्या है? भारत की गुलामी ने देश को अँधेरे वन में तब्दील कर दिया है। देश-दशा की विपरीत अवस्था का चित्रण कवि ऐसी प्रकृति के माध्यम से करता है।

व्यापक स्तर पर देखें तो पूरा का पूरा प्राकृतिक चित्रण प्रतीकात्मक है। **जंगल** का तात्पर्य भारत से है। **अँधेरी रात** का यहाँ मतलब उपनिवेशवादी शासन रूपी पराधीन अवस्था है। **वर्षा एवं अन्य प्रतिकूल परिवेश** 1857 ई. के बाद चलाई गई अनेक दमनकारी नीतियाँ हैं जिन्होंने भय एवं विवशता का वही वातावरण बना दिया जो कविता में चित्रित है। इसी के साथ वह अकेली, भयभीत, घबराई **युवती** भारतीय

सामान्य नागरिक का प्रतीक है जिसके तमाम अधिकार छीन लिए गए हैं। जिस **प्रेमी** से वह च्युत कर दी गई, वह स्वाधीनता है। इस तरह देखें तो पूर्वार्द्ध का पूरा प्रकृति-चित्रण एक संपूर्ण प्रतीक-विधान की सृष्टि है जिसके द्वारा पराधीनता की यंत्रणा सांकेतिक रूप से व्यक्त हुई है। छायावादी कविता में स्वाधीनता की आकांक्षा संकेतों में, सूक्ष्म स्तर पर व्यक्त हुई है। इस तरह से देखें तो छायावाद के बीज इसमें निहित हैं।

दूर की कौड़ी लाकर इस कविता के प्रकृति-वर्णन को स्वाधीनता-पराधीनता के द्वंद्व की अभिव्यक्ति सिद्ध करना यहाँ अपेक्षित नहीं है। कवि स्वयं ऐसे संकेत देता है। अभिव्यक्ति की स्वतंत्रता छीनने वाली दमनकारी साम्राज्यवादी सत्ता का विरोध वह संकेतों में करता है। घने जंगल और अँधेरी रात का चित्रण करते हुए कवि एक स्थान पर लिखता है– **नहीं सूर्यदेव उस धूप को कभी चमका सकते, चमका सकते**। अंग्रेजी राज (अंग्रेजों के साम्राज्यवादी राज्य) के लिए एक मुहावरा चलता है– 'अंग्रेजी राज में सूरज कभी नहीं डूबता'। इस मुहावरे का ऐतिहासिक भौगोलिक अर्थ है। लेकिन यहाँ कवि कह रहा है कि हमारे देश की यह भयावह दुर्दशा इस शासन में हुई है। जिस शासन में कभी सूर्य नहीं अस्त होता, उसी शासन में हमारे देश में गरीबी, जहालत और पराधीनता की पराकाष्ठा है कि सूर्य की रोशनी तक नहीं पहुँचती। लोक प्रचलित मुहावरे को कवि ने अपनी सर्जनात्मकता से प्रतिकूल स्थिति के चित्रण में सफल बना दिया है। कभी वह अँधेरी भयानक रात की भयावहता का चित्र खींचते-खींचते स्वाधीनता की आकांक्षा व्यक्त करने लगता है :

निशमय प्रकृति वो कर्कश समय
घना घोर घुप में दमक दामिनि की
स्वरूपीय भय के समागत थे सेना,
महादेव यह राज्य स्वाधीन करते।

एक अन्य स्थान पर कवि लिखता है :

मुख चन्द्र प मेह थे छाये हुए
पर ज्योति नहीं उसकी छिपती,
जस भेष मलीन में बुद्धि तीक्ष्ण
नहीं छिपती पै नहीं छिपती।
जस लाख बरस की गुलामी से
स्वाधीन जमीन नहीं छिपती।

बार-बार उदाहरणों, उपमानों और प्राकृतिक सुषमा, सौंदर्य-चित्र के क्रम में स्वाधीनता की आकांक्षा का तात्पर्य क्या है? क्या इससे यह जाहिर नहीं होता कि यह प्रकृति-चित्रण यथार्थ चित्रण से जुड़ा हुआ है?

महेश नारायण ने 'स्वप्न' में अपनी सौंदर्य-चेतना भी प्रकट की है। उनका सौंदर्य-बोध किसी भी समकालीन कवि से आगे बढ़कर था। कविता की नायिका का चित्र है :

एक सादी साड़ी
पर काली किनारी
पानी से तराबोर
लहरी हुई इन नाज़ से लिपटी थी बदन में
लिपटी न कभी जैसे की खुशबू भी पवन में।

कितना मर्यादित और सौम्य चित्रण है! यह रीतिकालीन काव्य की चली आ रही तत्कालीन धारा पर प्रत्यक्ष चोट थी। ऐसा नहीं है कि कवि ने शारीरिक चित्रण नहीं किया है :

सीने का उसके वह ईश्वर दातव्य जमाल।
छिपता नहीं इससे
उभरता वह जोबन
वस्त्र पानी में होके बिल्कुल तर
सट गया धीरे-धीरे कुल तन पर
भींगा जोबन ओ कुछ निराला सा
एक अजब ढब से देख में आता,
मुख मीन मृग लोचक शुष्क
शशि की कला में बहार नहीं थी,
जब दबे यौवन उभरे
रति की छटा रलार नहीं थी।

इन पंक्तियों से यह स्वतः स्पष्ट है कि 'स्वप्न' में जो सौंदर्य के मांसल पक्ष का चित्र है, वह भी कितना संयमित और स्वस्थ है! सौंदर्य के साथ-साथ कवि ने नायिका के व्यक्तित्व को मुख्य रूप से उभारा है। उसका आत्मचेतस् प्रखर व्यक्तित्व स्वतः प्रकाशमान है। नायिका की मनोदशाओं का भी जो चित्र कवि ने खींचा है वह उसे तत्कालीन काव्य-संसार में विशिष्ट बनाता है :

गरम, हवस, अफसोस, उम्मीद,
प्रेम-प्रकाश, भय, चंचल चित
थे यह सब, रुख प नुमायाँ उसके

'स्वप्न' कविता के भाव-बोध के इस विश्लेषण के बाद निष्कर्षतः यह कहा जा सकता है कि इसकी अंतर्वस्तु अपने समय के यथार्थ के आधार पर बुनी हुई है। यह कविता अपनी संवेदना में साम्राज्यवादी सरकार और उसकी

नीतियों की पोल खोलती है, दमन और शोषण का मुखर विरोध करती है। सामाजिक जीवन की बुराइयों की ओर संकेत करती है और उनके विरुद्ध घृणा का भाव मन में उत्पन्न करती है। सूक्ष्म कथा के स्तर से लेकर परिवेश के निर्माण तक यह कविता अपने समय और समाज के यथार्थ को अभिव्यक्त करती है। साथ ही साथ मिथकीय संकेतों से लेकर प्रत्यक्षतः भी स्वाधीनता की कामना करती है। इसका भावबोध पूर्णतः आधुनिक है।

अब शिल्प के स्तर पर इस कविता की विशिष्टताओं का विश्लेषण विचारणीय है। उमाशंकर के अनुसार, "आज हिंदी में जितने भी वाद प्रयोग में आये हैं, जैसे छायावाद, रहस्यवाद, प्रगतिवाद, प्रयोगवाद आदि, सभी का उत्स उनकी (महेश नारायण) कविता में मिलता है।"[1] अपनी धारणा के आधार पर वे महेश नारायण को 'नई कविता का जन्मदाता' घोषित कर देते हैं। यह कुछ वैसा ही अतिवाद है जैसा कि आधुनिक युग की हर विधा का उत्स भारतेंदु हरिश्चंद्र में देखना। ऐसी अतिवादी घोषणा नहीं करने के बावजूद 'स्वप्न' में स्वच्छंदतावाद, छायावाद और प्रयोगवाद की प्रवृत्तियाँ सहज लक्षित की जा सकती हैं। इन प्रवृत्तियों की शिल्पगत विशिष्टताएँ तो खास तौर पर इस कविता में मौजूद हैं। भाषा, छंद, फैंटेसी, लंबी कविता की संरचना आदि शिल्पगत आधारों में यह कविता अत्यंत आधुनिक दिखती है।

भाषा

'स्वप्न' की भाषा पर हमने पहले ही भरपूर चर्चा की है। खड़ी बोली में कविता लिखने के आरंभिक दौर में यह प्रौढ़ रचना हुई, जिसे देख सहसा विश्वास नहीं होता कि यह कवि की पहली (और एकमात्र) रचना है। जिस समय भारतेंदु ने अपनी ईमानदार आत्मस्वीकृति 'भारतमित्र' के संपादक को भेजी कि खड़ी बोली में रचना करने से दूना परिश्रम हुआ, उसी समय खड़ी बोली का ठाठ दिखाती यह रचना 'बिहार-बंधु' में प्रकाशित हुई। इसकी भाषा आम बोलचाल की भाषा है। बोलचाल में जिस तरह के तत्सम शब्दों और उर्दू लफ्जों का प्रयोग होता होगा, कवि ने उतना ही प्रयोग किया है। उसकी भाषा सहज और सरल है :

एक जानू उठाये एक गिराए
एक हाथ को गाल पर लगाए
आते जो थे बाल उसके मुँह पर
सरकाती थी हाथ दूसरे से 'अह' कर।

---

1. उमाशंकर, महेश नारायण : व्यक्तित्व और कृतित्व, पृ. 68

इस कविता में हर तरह के शब्द प्रयुक्त हुए हैं। **दरख्त, शफ़्फ़ाफ़, रुख, आख़िरश, मग़लूब, रैयत, इमदाद** जैसे उर्दू लफ्ज़; **व्यग्रता, अंतर, मृग, लोचक, शुष्क, शशि, रति, वस्त्र, स्वाधीनता, पदम, सृष्टि** जैसे संस्कृतनिष्ठ शब्द; **उजाला, ठनक, जुगनू, बिजली** जैसे आमफहम शब्द; नेचर के रूप में एक अंग्रेजी शब्द जैसे विभिन्न स्रोतों से शब्द-प्रयोग कवि ने किए हैं। इस बोल-चाल की भाषा को देखते हुए ही तो महेश नारायण को उमाशंकर ने नई कविता का प्रथम कवि घोषित किया है।

इस कविता में बहुत ही आराम और बहुतायत से उर्दू का प्रयोग हुआ है। इसके लिए मैनेजर पाण्डेय का कहना ठीक है कि "यह कविता उस काल की है जब हिंदी और उर्दू की दूरी उतनी नहीं बढ़ी थी जितनी वह छायावाद तक आते-आते बढ़ गई।"[1] इस कविता में उर्दू की शब्दावली और संरचना मौजूद है लेकिन इससे इसकी बोधगम्यता पर कोई फर्क नहीं पड़ता। इसकी भाषा को हम 'हिंदुस्तानी' कह सकते हैं। एक स्तर पर यह भाषा काव्यभाषा के रूप में हिंदी के इतिहास की गवाही देती है। छायावाद ने हिंदी और उर्दू को सदा-सर्वदा के लिए अलगा दिया जबकि यह काव्यभाषा जनजीवन के करीब और हिंदी की जातीय विशेषताओं से युक्त आकर्षक भाषा है। एक उदाहरण देखें :

कुछ नशीली चाल से गिरता था वह,
जंगलों में घूमता फिरता था वह,
थी अजब घबराहट उसकी चाल में
था फँसा पानी बड़े जंजाल में।

'स्वप्न' की भाषा मुहावरेदार खड़ी बोली है। कवि ने लोक प्रचलित अनेक मुहावरों का इस्तेमाल किया है। कई मुहावरों को द्वंद्व, भिन्नार्थकता एवं सांकेतिकता के लिए प्रयुक्त किया है।

अतिभक्ति है चोरों का लक्षण,
गूढ़ता काली है भक्ति में समाई।

इस पंक्ति में 'अतिभक्ति है चोरों का लक्षण' मुहावरेदार भाषा का श्रेष्ठ नमूना है। 'हाथापाई तो हवा पर नहीं होती होगी', में 'हवा से लड़ना' मुहावरे का प्रयोग हुआ है। आचार्य शुक्ल ने अपने एक निबंध में- 'हवा से लड़ने वाली औरतें' प्रयोग किया है। 'बेकाम का काम'- यह भी मुहावरा है। 'नहीं सूर्यदेव उस धूप को कभी चमका सकते, चमका सकते'- इसमें कवि ने 'अंग्रेजी राज में सूर्य अस्त नहीं होता' मुहावरे के बरक्स एक नया महावरा गढ़ा है।

1. मैनेजर पाण्डेय, आलोचना की सामाजिकता, पृ. 234

'स्वप्न' की भाषा में कुछ अशुद्धियाँ– लिंग, वर्तनी एवं कारक चिह्नों की मिलती हैं। जैसे– 'सक्ते', 'धुप', 'गुढ़', 'मान्सिक', 'बिज्ली' आदि। लगता है कि महेश नारायण ने उच्चारण के आधार पर उनकी वर्तनी लिख दी है। खड़ी बोली की आरंभिक दशा को देखते हुए इसे अस्वाभाविक नहीं कहा जा सकता।

छंद-विधान

'स्वप्न' कविता में छंद-वैविध्य भी उल्लेखनीय है। इसमें अनेक छंदों का प्रयोग हुआ है। अनेक छंद ऐसे हैं जो उर्दू से लिये हुए हैं। उर्दू में खड़ी बोली की लंबी परंपरा को देखते हुए उससे छंद-योजना ग्रहण करना विस्मयकारी नहीं है; इसकी चकित करने वाली विशिष्टता है– मुक्त छंद का प्रयोग। हिंदी में मुक्त छंद के सर्वमान्य प्रथम प्रयोक्ता महाकवि सूर्यकांत त्रिपाठी 'निराला' के जन्म से भी पूर्व इस कविता का प्रकाशन हो चुका था। 'निराला और मुक्त छंद' में शिवमंगल सिद्धांतकर लिखते हैं– "मुक्त छंद का भारत में पहला प्रयोग महेश नारायण ने किया, इसे तो मानना ही पड़ेगा।"[1] हिंदी में मुक्त छंद के प्रथम कवि निःसंदेह महेश नारायण ही हैं। छंदों के विविध प्रयोगों से लेकर छंदों के बंधन से मुक्त उनकी कविता 'स्वप्न' की विशेषता है छंद-बंध से मुक्त कविता इन पंक्तियों में सहज देखी जा सकती है।

भौतिक-सी कृति[2]
आती थी नज़र में
व्यापार अचम्भा
देखो तो बराबर।
अजायब।
अपार।
एक कुंज
बहुत गुंज
पेड़ों से घिरा था
झरने के बगल में
बिजली की चमक भी न पहुँचती थी वहाँ तक
ऐसा वह घिरा था
जस दीप हो जल में
पानी की टपक राह भला पावे कहाँ तक।

हिंदी साहित्य का इतिहास कितना एकांगी है, इससे पता चलता है कि मुक्त छंद के प्रथम प्रयोक्ता का नामोल्लेख तक इसमें नहीं मिलता। 'हिंदी साहित्य का

1. शिवमंगल सिद्धांतकर, निराला और मुक्त छंद, पृ. 58
2. खत्री पाठ है– कीर्ति

प्रवृत्तिगत इतिहास' (खंड-1, पद्य भाग- डॉ. प्रताप नारायण टंडन) नामक एकमात्र इतिहास ग्रंथ में महेश नारायण का उल्लेख करते हुए लिखा गया है कि 'छंद योजना की दृष्टि से इनकी कुछ रचनाएँ महत्त्व की हैं। इन्होंने उर्दू-हिंदी की काव्य शैलियों को मिलाकर एक नवीन रूप दिया था।''[1] यह मानने का कोई कारण नहीं है कि टंडन ने 'स्वप्न' में मुक्त छंद के प्रयोग को नहीं समझा होगा, फिर भी उन्होंने इसका उल्लेख नहीं किया। वस्तुतः मुक्त छंद के प्रथम प्रयोक्ता के रूप में निराला का नाम इतनी दृढ़ता से स्थापित हुआ कि उनसे पहले भी कोई ऐसा कर सकता है, यह जानने की जरूरत नहीं समझी गई। 'स्वप्न' की उर्दू के छंदों के आधार पर लिखी कुछ पंक्तियाँ हैं :

नहीं वक्त का डर, नहीं खौफ अजल, वह पहाड़ी खड़ी की खड़ी रहेगी।
हजारों मरे हैं, हजारों मरेंगे, पहाड़ी अड़ी की अड़ी ही रहेगी।
क्या करो मुझे प्यार करो माता ने तुमको बनाया है हमारी।
मैं हूँ अमीर मर जाऊँगा जब तब दौलत होगी हमारी तुम्हारी।

इसमें प्रयुक्त एक अन्य तरह का छंद है :

अच्छा है यही, हमेशा सिर का झुकाना।
बे काम का काम मोल लेना,
होंगे फँसे यह जंजाल में यां सब, स्वाधीनता में है कौन मिठाई?

इस छंद-वैविध्य को देखकर ही उमाशंकर ने लिखा है- ''महेश नारायण की कविताओं में इतने छंद मिलते हैं कि छायावाद से लेकर प्रयोगवाद तक के छंद-प्रयोग ऐतिहासिक मूल्य खो देते हैं।''[2] वे अमेरिकी कवि वाल्ट ह्विटमैन द्वारा किए गए मुक्त छंद के प्रयोग से परिचित होंगे। विश्व साहित्य के इतिहास में वाल्ट ह्विटमैन की 'घास की पत्तियाँ' मुक्त छंद की कविताओं की पहली किताब है। इसका पहला संस्करण 1885 ई. में प्रकाशित हुआ था। इसमें प्रयुक्त मुक्त छंद विवाद और चर्चा का विषय बना। 1881 ई. तक इसके नौ संस्करण प्रकाशित हो चुके थे। स्वयं अंग्रेजी साहित्य में इस छंद-विधान और भाषिक संरचना की भर्त्सना हो रही थी। इसे एक अजूबे के रूप में देखा जा रहा था। ऐसी स्थिति में महेश नारायण ने 'स्वप्न' में इसका प्रयोग किया। दिनेश्वर प्रसाद से शब्द लेकर कहें तो ''कोई बहुत प्रबुद्ध, प्रयोगशील और क्रांतिदर्शी कवि ही एक बहुत भिन्न और कवित्व की दृष्टि से अनुपयुक्त समझी जाने वाली भाषा में, मुक्त छंद लिखने का साहस कर सकता था।''[3] 'आचार्य रामचंद्र शुक्ल

1. डॉ. प्रताप नारायण टंडन, हिंदी साहित्य का प्रवृत्तिगत इतिहास, खंड-1, पृ. 298
2. उमाशंकर, महेश नारायण : व्यक्तित्व और कृतित्व, पृ. 70
3. सं. महाकालेश्वर, महेश नारायण कृत : 'स्वप्न', पृ. III

जैसे प्रबुद्ध इतिहासकार, आलोचक जब वाल्ट ह्विटमैन की कविताओं को विचित्र प्रयोग मानते हैं और निराला के कृतित्व के सर्वोत्तम के बाद भी मुक्त छंद की काव्यगत संभावनाओं के प्रति आश्वस्त नहीं हो पाये तो महेश नारायण को स्वीकृति कैसे मिलती? नियमित छंद विधान वाले युग में, वह भी ब्रजभाषा की काव्यभाषा के रूप में प्रधानता वाले समय में, 'स्वप्न' सरीखी आधुनिक भाषा छंद की कविता निःसंदेह अजूबा बनकर रह गई होगी।

'स्वप्न' में एक ऐसे छंद का प्रयोग महेश नारायण ने किया है जिसे आगे चलकर हम केदारनाथ अग्रवाल की मशहूर कविता 'बसंती हवा' में देख सकते हैं :

नहीं वक्त का डर, नहीं खौफ अजल
वह पहाड़ी खड़ी की खड़ी ही रहेगी,
हजारों मरे हैं, हजारों मरेंगे
वह पहाड़ी अड़ी की अड़ी ही रहेगी।

इसी लय में 'बसंती हवा' को पढ़ा जा सकता है :

हवा हूँ, हवा, मैं बसंती हवा हूँ।
कसम इस हृदय की, सुनो बात मेरी–
अनोखी हवा हूँ, बड़ी बावली हूँ!
बड़ी मस्तमौला, नहीं कुछ फिकर है
बड़ी ही निडर हूँ, जिधर चाहती हूँ
उधर घूमती हूँ, मुसाफिर अजब हूँ![1]

अतः यह कहा जा सकता है कि या तो यह छंद पहले से ही चला आ रहा था जिसका प्रयोग महेश नारायण ने भी किया और केदारनाथ अग्रवाल ने भी अथवा केदारनाथ अग्रवाल ने महेश नारायण के यहाँ से यह लिया है।

प्रतीक, बिंब और ध्वन्यात्मकता

पहले ही चर्चा हो चुकी है कि 'स्वप्न' कविता में प्रतीकात्मक प्रकृति-चित्रण है। प्रतिकूल प्रकृति पराधीन भारतीय जीवन का प्रतीक है। इसके साथ ही इस कविता में नवीन उपमानों का बहुत ही सार्थक प्रयोग हुआ है। **भौतिक-सी कीर्ति** में उपमेय कीर्ति के लिए भौतिक उपमान की उमाशंकर भूरि-भूरि प्रशंसा करते हैं। लेकिन 'बिहार-बंधु' के पाठ में यह पंक्ति है– **भौतिक-सी कृति**। और जहाँ तक

---

1. केदारनाथ अग्रवाल, फूल नहीं रंग बोलते हैं, पृ. 2

उपयुक्तता का प्रश्न है, 'कृति' ही उपयुक्त है, वहाँ के भाव-बोध को देखते हुए। कृति...यश नहीं, रचना का अर्थ वहाँ उपयुक्त है।

प्रकृति-चित्रण की एक महत्त्वपूर्ण विशिष्टता उसकी बिंबात्मकता है। इनके कुछ बिंब यहाँ देखे जा सकते हैं :

ऐसा वह घिरा था
जस दीप हो जल में
पानी टपक, राह भला पाने कहाँ तक।

जिस तरह पानी में वह दीप था, उसी तरह उस जंगल में वह कुंज था। आग और पानी के परस्पर-विरोधी स्वभाव से उस छोटे-से दीप की निस्सहायता उजागर हो रही है।

बारिश जो वह जोर से पड़ती,
काँटों की तरह थी बूँद गिरती।

इन पंक्तियों में बारिश का बिंब है। बूँदों का काँटों की तरह गिरना अत्यंत अभिनव प्रयोग है। बेमेल विवाह की विडंबना को कवि ने इन शब्दों के द्वारा सचित्र उपस्थित कर दिया है :

मैं सोलह बरस की
वह अस्सी बरस के
देख इनको मैं रोती
देख हमको वह हँसते

'स्वप्न' कविता में ध्वन्यात्मकता एवं लयात्मकता का खास ख्याल कवि ने रखा है। कुछ उदाहरणों से यह बात स्पष्ट हो जाएगी :

ठनके की ठनक से
बिजली की चमक से,
वायु की लपक से,
फूलों की महक से,
वह वन में दीख पड़ता था
अजाएब सा भयानक हुस्न।

इस कवितांश में **ठनक, चमक, लपक, महक** मिलकर एक ध्वन्यात्मक लय की उपस्थिति कराते हैं। 'हुस्न' के लिए 'भयानक' विशेषण बहुत ही नया है। बोलचाल के शब्दों का कविता में प्रयोग करके उन्होंने बोलचाल की लय का प्रयोग किया है। उदाहरण के लिए :

झरने की बड़बड़ाहट
पत्तों की शनशनाहट
कड़के की कड़कड़ाहट
करती थी हड़हड़ाहट।

× × ×

नहीं सत्य प्रीति कभी बड़बड़ाती
नहीं गूढ़ विद्या कभी फड़फड़ाती
अवश्य फंक ही चीज हड़हड़ाती
नहीं इसलिए वह बहुत बड़बड़ाती।

इन पंक्तियों में प्रयुक्त शब्द बोलचाल में प्रयुक्त होते हैं। इन शब्दों से कविता में खास तरह की ध्वन्यात्मकता उत्पन्न होती है। निराला ने 'पंत और पल्लव' शीर्षक निबंध में मुक्त छंद के बारे में लिखा है– "स्वच्छंद छंद में आर्ट ऑफ म्यूजिक नहीं मिल सकता है, वहाँ तो आर्ट ऑफ रीडिंग मिलता है।"[1]

यहाँ निराला जिस समस्या को उठा रहे थे उसका जवाब बहुत पहले महेश नारायण अपनी कविता में दे चुके थे। 'स्वप्न' में मुक्त छंद का आधार होते हुए भी न तो आर्ट ऑफ म्यूजिक अनुपस्थित है, न ही आर्ट ऑफ रीडिंग। ऐसी शिल्पगत प्रौढ़ता महेश नारायण के किसी अन्य समकालीन कवि में मिल पाना मुश्किल है।

[इस अध्याय में 'स्वप्न' कविता के सभी अंश शिवपूजन सहाय और नलिन विलोचन शर्मा द्वारा संपादित 'अयोध्या प्रसाद खत्री स्मारक ग्रंथ' के पृष्ठ 135–160 से लिये गए हैं।]

1. नंदकिशोर नवल (सं.), निराला रचनावली, भाग–5, पृ. 191

वाणी को बुनने में,
कंकर के चुनने में,
कोई उत्कर्ष नहीं
कोई नहीं हीनता।
वाणी की दीनता
अपनी मैं चीन्हता।

—भवानीप्रसाद मिश्र

तीसरा अध्याय

'स्वप्न' : विभिन्न पाठ और उनकी समस्याएँ

'स्वप्न' कविता का धारावाहिक प्रकाशन 'बिहार-बंधु' में 13 अक्टूबर, 1881 ई. से क्रमशः 20 अक्टूबर, 27 अक्टूबर, 3 नवंबर, 10 नवंबर, 17 नवंबर, 24 नवंबर, 1 दिसंबर एवं 15 दिसंबर, 1881 तक हुआ। 'बिहार-बंधु' के 13 अक्टूबर, 1881 अंक में अथवा इसके आगे के अंकों में 'स्वप्न' कविता के रचयिता का उल्लेख नहीं किया गया है। 1887 ई. में अयोध्या प्रसाद खत्री और 1888 ई. में फ्रेडरिक पिन्कॉट के संपादन में प्रकाशित 'खड़ी बोली का पद्य' में यह कविता संकलित की गई है। इन दोनों पुस्तकों में 'स्वप्न' के रचयिता के रूप में महेश नारायण का उल्लेख है।

ध्यान देने की बात यह है कि 'बिहार-बंधु' और 'खड़ी बोली का पद्य' दोनों में 'स्वप्न' का प्रथम प्रकाशन बाबू महेश नारायण के जीवन-काल मे ही हुआ। उन्होंने किसी प्रकार का खंडन नहीं किया। इसलिए यह स्वतः मान लिया जाता है कि 'स्वप्न' बाबू महेश नारायण की रचना है। बाद के अध्ययनकर्ताओं– उमाशंकर, डॉ. महाकालेश्वर एवं डॉ. रामनिरंजन परिमलेंदु– सभी ने इसे महेश नारायण की ही रचना माना है। वस्तुतः कविता में व्यक्त भाव एवं सामाजिक-राजनीतिक आलोचना इतनी कठोर है कि संभवतः साम्राज्यवादी शासन के भय से 'बिहार-बंधु' में रचनाकार का नाम नहीं दिया गया हो। 1857 ई. की क्रांति के बाद अंग्रेजी सत्ता ने दमन का जो चक्र चलाया, उसको देखते हुए इस बात की संभावना शत-प्रतिशत बनती है। भारतेंदु युग के अनेक रचनाकारों एवं स्वयं भारतेंदु ने बदले हुए नाम से या बिना नाम के समाचार-पत्रों, पत्रिकाओं में लिखा है।

हिंदी कविता और साहित्य के इतिहास में उपेक्षित इस कविता के विभिन्न पाठ मिलते हैं। 'बिहार-बंधु' में प्रकाशित 'स्वप्न' से 'खड़ी बोली का पद्य'– अयोध्या प्रसाद खत्री द्वारा एवं पिन्कॉट द्वारा संपादित (लंदन प्रति) दोनों– में पाठ-भेद मिलता है। पाठ संशोधन कई दृष्टियों से महत्त्वपूर्ण है। हालाँकि यह

पता करना अब प्रायः असंभव हो गया है कि यह संशोधन स्वयं रचनाकार ने किया था अथवा संपादकों ने। 1960 ई. में प्रकाशित 'अयोध्या प्रसाद खत्री स्मारक ग्रंथ' और 1965 ई. में प्रकाशित 'महेश नारायण : व्यक्तित्व और कृतित्व' में उद्धृत 'स्वप्न' कविता 'खड़ी बोली का पद्य' (सं. अयोध्या प्रसाद खत्री) की अविकल प्रतिलिपि है। प्रथम प्रकाशन वर्ष के आधार पर, 'बिहार-बंधु' के पाठ को मूल पाठ मानते हुए हम 'स्वप्न' के विभिन्न पाठों को देख सकते हैं। 'बिहार-बंधु' के पाठ पर विस्तृत चर्चा डॉ. रामनिरंजन परिमलेंदु ने अपनी पुस्तक 'भारतेंदु काल के भूले-बिसरे कवि और उनका काव्य' में की है।

'स्वप्न' कविता की प्रथम पंक्ति 'बिहार-बंधु' में है :

थी अँधेरी रात, और सुन्सान था

जबकि 'खड़ी बोली का पद्य' में **सुन्‌सान** शब्द प्रयुक्त हुआ है। यह पाठ-भेद बहुत भिन्न नहीं है। आधा अक्षर लिखने के लिए हलंत (्) का प्रयोग बहुत बार होता है। दूसरी पंक्ति है :

और लकोदक दूर तक मैदान था

जबकि 'खड़ी बोली का पद्य' में **लकोदक** की जगह **फैला** शब्द आया है। प्रथम अनुच्छेद में **बिजली** और **रोशनी** की जगह 'बिहार-बंधु' में क्रमशः **बिज्ली** और **रौशनी** शब्द आया है। 'खड़ी बोली का पद्य' की इन पंक्तियों :

ईश्वर के जमाल का नमूना वां था,
ईश्वर के कमाल का खजाना वां था।

की जगह 'बिहार-बंधु' में ये पंक्तियाँ हैं :

ईश्वर के जमाल का नमूना
ईश्वर कि है कमाल का खजाना...।

पहले ही अनुच्छेद में प्रयुक्त **देरख्तों** की जगह लंदन प्रति में **दरख्‌तों** और 'बिहार-बंधु' में **दरख्तों** है।

अक्षरों को आधा लिखने और हलंत (्) का प्रयोग होने के पीछे तो छपाई की सुविधा या असुविधा हो सकती है। खत्री द्वारा संपादित प्रति में जहाँ शब्दों में आधा अक्षर का प्रयोग है, वहीं लंदन प्रति में हलंत (्) का प्रयोग हुआ है। उदाहरण के लिए– खत्री द्वारा संपादित कविता के कुछ शब्दों– **देरख्तों,**

सख्त का लंदन प्रति में **दरख़्तों, सख़्त** प्रयोग हुआ है। इसी तरह खत्री ने कहीं कहीं **रौशन, वहै, सेकड़ों, अगोड़, देर, स्वम** का प्रयोग किया है तो लंदन प्रति में **रोशन, बह, सैकडों, अगोढ, दर, स्वप्न** का प्रयोग हुआ है। कई स्थानों पर शुद्धिपत्र लगाया गया है। इन शब्दों में वर्तनी संबंधी सुधार या अलगाव दिखाई देता है। इसका महत्त्व है लेकिन उतना नहीं जितना 'बिहार-बंधु' और इन ग्रंथों में प्रकाशित कविता की भिन्नता का भाव एवं कई पंक्तियों की भिन्नता वहाँ दिखाई देती है। निःसंदेह वह भिन्नता वर्तनी संबंधी अलगाव के सामने ज्यादा है। वर्तनी और कारक संबंधी अलगाव तो भाषा की उस आरंभिक अवस्था में वाक्य-शुद्धि की दृष्टि से सुधार-परिष्कार करने पर आना सहज है। उदाहरण के लिए, दूसरे अनुच्छेद की पहली पंक्ति 'बिहार-बंधु' में है– **पहाड़ी इसकी एक दक्खिन दिशा में**, यही 'खड़ी बोली का पद्य' में इस प्रकार है– **पहाड़ी ऊँची एक दक्षिण दिशा में।** पहली पंक्ति में 'इसकी' का तात्पर्य ज्यादा स्पष्ट नहीं होता है इसलिए इसे बदला गया होगा। इसी तरह चौथी पंक्ति– **दरख्तों की गले में एक लड़ी थी** की जगह **दरख्तों के गले में एक लड़ी थी**। इसमें 'की' की जगह 'के' कारक उपयुक्त एवं सही प्रयोग है। इस तरह के भाषा संबंधी सुधार खत्री जी ने अवश्य किए हैं।

दूसरे अनुच्छेद की निम्नलिखित पंक्तियाँ 'बिहार-बंधु' के मूल पाठ में नहीं हैं :

करुणामय परमेश्वर की वह पहाड़ी भी ज्योति प्रकाशक थी,
अजीब, अनेत, अभाष्य अगर थी भी तो लखगुण गायक थी
× × ×
इसलिए मौत का नहीं कोई डर,
बैठ जाता है उन मनुष्यों पर
जाके पर्वत सी हर वी पहाड़ ही धाई बने हैं।

साथ ही, तीसरे अनुच्छेद की ये पंक्तियाँ भी मूल पाठ में नहीं हैं :

आरंभ कहाँ है कैसे था वह मालूम नहीं हो,
पर उसकी बहार,
हीरे की हो धारा,
मोती का हो गर खेत,
कुन्दन की हो वर्षा।
और विद्युत की छटा तिर्छी पड़े उन पै गर आकर
तो भी वह विचित्र चित्र सा माकूल न हो।

इस अनुच्छेद की पहली पंक्ति के **शफ़्फ़ाफ़** शब्द की जगह **शफ़फ़ाफ** शब्द 'बिहार-बंधु' में है और उपरोक्त पंक्तियों की जगह मूल पाठ में ये पंक्तियाँ आई हैं :

कुछ नशीली चाल से गिरता था वह,
जंगलों में घूमता फिरता था वह,
थी अजब घबराहट उसकी चाल में–
था फँसा पानी बड़े जंजाल में।
पानी समुद्र का है कला।
झरना कि समुद्र का है टुकरा।
हर संग में चमक है उसी के ज़हूर का,
है यह हवा प, आग नमूनाये नूर का॥

वस्तुतः **करुणामय परमेश्वर की वह पहाड़ी भी ज्योति प्रकाशक थी** जैसी पंक्तियों की संस्कृतनिष्ठ भाषा बाकी कविता की काव्यभाषा से मेल नहीं खाती है। 'पहाड़ी' के विस्तृत वर्णन और उसे असाधारण बनाने के लिए संभवतः खत्री ने इसे जोड़ दिया हो, परंतु यह कविता में व्यवस्थित नहीं हो पाती है। 'झरने' के वर्णन में जो भिन्नता है, उसका कारण बिल्कुल स्पष्ट नहीं हो पाता है। 'बिहार-बंधु' की पंक्तियाँ भी 'झरने' का बहुत रवानी से ब्यौरा देती हैं। साथ ही, 'खड़ी बोली का पद्य' की पंक्तियों के द्वारा भी उसका बहुत अच्छा चित्र उकेरा गया है। 'बिहार-बंधु' की पंक्तियों द्वारा झरने की गतिशीलता का चित्र उभरता है तो 'खड़ी बोली का पद्य' द्वारा उसके स्थिर सौंदर्य का।

चौथे अनुच्छेद में 'खड़ी बोली का पद्य' में संकलित पंक्ति **वह बन में दीख पड़ता था अजाएब सा भयानक हुस्न** की जगह 'बिहार-बंधु' में है **वह वन में देख पड़ता था अजायब सा भयानक़ हुस्न। बड़बड़ाहट, शनशनाहट, आपुस** और **कीर्तियां** के स्थान पर **पड़पड़ाहट, शन्शनाहट, आपुसों** और **कीर्तियां** मूल पाठ में हैं। **थी अँधेरी चमक वह कानन में** पूरी पंक्ति मूल पाठ में नहीं है।

थी जमीं मस्त काले जौबन में,
घोर रूपि निशा थी गुलशन में,
नहीं सूर्यदेव उस धुप को कभी चमका सकते चमका सकते
दामिनि दमके, चपला चमके नहीं इन्द्र उसे चमका सकते।
महिमा ईश्वर की प्रकट इससे,
कहाँ पायेंगे हम, कहाँ पायेंगे हम।

वह राक्षसी उजाला
बहके हुए मनुष्य को करती है जो तबाह
मदान पुर खतर में
वां भी चमक भुलावली दिखाती थी।

उद्धृत पंक्तियों के स्थान पर 'स्वप्न' के 'बिहार-बंधु' पाठ की पंक्तियाँ हैं :

थी जमीं मस्त काले जौबन में,
थी अँधेरी चमकती कानन में।

श्याम सुंदर था सारे गुलशन में।
नहीं सूर्यदेव उस धूप को भी चमका सकते चमका सकते
दामनी दमके, चपला चमके नहीं इंद्र उसे चमका सकते।
महिमा ईश्वर की प्रकट इससे, कहाँ पायेंगे हम, कहाँ पायेंगे हम।
मेरी जिंदगी है यह हुबाब की सी, कहाँ, जायंगे हम कहाँ जायंगे हम।
क्यों कर है हम आयें?
किस के हैं बुलाये?
दूर में भूला भूलाने को भुला फिरता था।
नफ़्स की तरह फँसाने को जला फिरता था।
जिंदगी में बहुत ऐसी ही चमकती हुई चीज़।
जेब अनमोल को करती है हक़ीर ओ नाचीज़।

इसी तरह निम्नलिखित पंक्तियाँ भी मूल पाठ में भिन्न रूप में आई हैं :

भौतिक सी कीर्ति
आती थी नजर
व्यापार अचम्भा
देखो तो बराबर
अजायब!
अपार!

इनकी जगह ये पंक्तियाँ हैं :

भौतिक सी कृति
आती थी नज़र में
व्यापार
अचम्भा
देखो तो शजर में
अजायब।

वास्तव में कविता में अँधेरी रात का यहाँ वर्णन है। अँधेरी रात में 'वन' कितना भयानक हो उठा है! साथ ही कवि कुछ पारलौकिक रहस्यपरक अँधेरे का वर्णन कर रहा है। इस कविता में चंद्रमा से आई (फेंकी हुई) नायिका की कथा है। उसे व्यक्त करने के लिए ही कवि ने रहस्यात्मक अंदाज अपनाया है। **भौतिक सी कृति / आती थी नज़र में** द्वारा कवि किसी भौतिक आकृति या रचना को इंगित कर रहा है। यहाँ पर 'कीर्ति' शब्द की संगति उतनी नहीं बैठती जितनी **कृति** शब्द की। दोनों के अर्थों में बहुत फर्क है। कविता की भावभूमि पर यहाँ 'कृति' संगत बैठने वाला शब्द है। 'वन' में जो 'भयानक हुस्न' कवि को दिखाई देता है, उसी को उसने 'भौतिक सी कृति' कहकर संबोधित किया है। 'कीर्ति' शब्द यहाँ तार्किक दृष्टि से असंगत है।

'खड़ी बोली का पद्य' में दिए गए छठे अनुच्छेद की सभी पंक्तियों से लेकिन सातवें, आठवें, नवें एवं दसवें अनुच्छेद की पंक्तियों में बहुत फेरबदल है। **रात अँधेरी में पहाड़ी की डरौनी मूर्ति** से लेकर **आँधी से अधिक अंधारी बढ़ती** तक की कविता का 'बिहार-बंधु' पाठ इस प्रकार है :

रात अँधेरी में पहाड़ी की डरौनी मूर्ति।
(और शजर जो थे बदन अपने को तौले तौले।)
शाख जो इन के नज़र आते थे भौले भौले।
तिक्षण वायु जो चली थी भले हौले हौले।
और सब वस्तु जो थे बांके यह सोले सोले।
कैफ़ीयत एक मनोहर थी वह पैदा करती
एक कैफ़ीयत मनोहर
देखें तो होवे शशदर
सुंदर भयंकर।
पत्थर वहाँ पड़े थे बहुत से बड़े बड़े,
पेड़ों के डाल टूटे हुए और सड़े सड़े।
वह पत्थर के चट्टान
को नीचे से देखें
तो मालूम होये
खफ़ा है कोई सुल्तां।
एक कुंज
बहुत गुंज
पेड़ों से घिरा था
बिज्ली की चमक भी न पहुँचती थी वहाँ तक
ऐसा वह घिरा
जस दीप हो जल में

पानी की टपक राह भला पावे कहाँ तक।
सब्ज़ का बना था शामियाना
और सब्ज़ की मख्मली बिछौना
फूलों से बसा हुआ वह था कुंज
बे लब के हिलाये मुँह से निकले हा! कुंज
परपोश हवा के रहने वाले
दिलकश यह समाज गाने वाले
रहते थे अमन से इस चमन में
आदम को मिले न यह अमन अदन में-
आती थी उस जगह से स्वाधीनता की खुशबू,
स्वाधीन थे दरख्त ओ स्वाधीन थीं लतैं
स्वाधीन सुर थे चिड़ियों के स्वाधीन थी गतैं।
थी ग़रज़ वहै जगह फर्हत अफ़ ज़ा
ताज़गी जी को बख्शे वां की हवा।
पानी पड़ने लगा वह मूसलधार-
मानों इंद्र की द्वार खुली हो।
बादल की गरज से जी दहलता
बिज्ली की चमक से आँखें झिपतीं
वायु की लपट से दिल था हिलता
आंधी की सी अंधकारियाँ थी बढ़तीं।

यह समझना अत्यंत कठिन है कि कविता में यहाँ 6,7,8,9,10 के विभाजन क्यों नहीं हैं। साथ ही, जो पंक्तियाँ नहीं हैं, वे 'खड़ी बोली का पद्य' में कैसे सम्मिलित हो गईं? पहली पंक्ति के बाद की कोष्ठक की चार पंक्तियों को खत्री ने संपादित कर दिया। वे बहुत ज्यादा महत्त्व की थीं भी नहीं, लेकिन **पत्थर वहाँ...** से लेकर **ख़फा है कोई सुल्तां** तक के संपादन का तात्पर्य समझ में नहीं आता। क्या स्वयं महेश नारायण ने वर्णन को विस्तृत रूप देने के लिए इन पंक्तियों के स्थान पर ये पंक्तियाँ जोड़ीं? :

दरख्तों की हू हू, पवन की लपट,
निशमय प्रकृति वो कर्कश समय
घना घोर धुप में दमक दामिनि की
स्वरूपीय भय के समागत थे सेना,
महादेव यम राज्य स्वाधीन करते

7

पहाड़ी पै पत्थर के चट्टां बड़े,
समय की सृष्टि से वां थे खड़े,

अजब एक सनत से खड़े थे वह सारे
जरी सो जमीं पर बहुत ही किनारे
अगर लोग देखें तो होवे यकीं
कि गिर जाना उनका है मुशकिल नहीं,
वो लेकिन अगर भीम भी आनकर,
हिलावें तो टसके न एक बाल भर
अगर नीचे जाकर कभी इनको देखें
तो मालूम होवे कि सब यह ख़फे हैं
भक्ति रस उत्पन्न न हो जिस मन में यहाँ वह मन ही नहीं?
कीच बराबर जीव वह है जो मन में विरजित यह धन ही नहीं।

पहाड़ी एवं अँधेरी रात के इस ब्यौरे को क्या कवि ने जोड़ा है? अगर ऐसा है तो 'खड़ी बोली का पद्य' में इस बात की सूचना क्यों नहीं दी गई है? अगर ऐसा नहीं है तो संपादक ने पाठ-भेद की जानकारी क्यों नहीं दी है? इन सारे प्रश्नों को अब मात्र अनुमान से हल करने का प्रयत्न किया जा सकता है। पहले से मौजूद दस्तावेजों में किसी तरह की सूचना नहीं मिलती। आश्चर्य का कारण तो यह भी है कि जिस कवि ने इसी कविता में आगे लिखा है :

अति भक्ति है चोरों का लक्षण
गूढ़ता काली है भक्ति में समाई

उसी ने यहाँ पर लिखा है :

भक्ति-रस उत्पन्न न हो जिस मन में यहं वह मन ही नहीं
कीच बराबर जीव वह है जो मन में विराजित यह धन ही नहीं।

ये दोनों पंक्तियाँ 'खड़ी बोली का पद्य' में विद्यमान हैं। यह भी कहा जा सकता है कि दोनों पंक्तियों को कवि ने भिन्न संवेदनाओं के संदर्भ में लिखा है। यह भी संभव है कि 'बिहार-बंधु' में यह कविता संपादित करके छापी गई हो! कई बार पत्रों में संपादन का कार्य किया भी जाता है। 'प्रेस ऐक्ट' के तहत उस पत्र की एक कॉपी सरकार को भेजनी होती थी। इसे ध्यान में रखकर भी संपादक कार्य करता था। खैर, जो हुआ होगा, अब मात्र उसका अनुमान लगाया जा सकता है।

'स्वप्न' का एक अंश 'खड़ी बोली का पद्य' में इस प्रकार है :

रोने की आवाज आती है? कहाँ? वह
उफ़ नहीं। हाँ, अहा। वहाँ वह!
है तो कोई अबला की ध्वनि और प्रीत के रस की है माती हुई।

अबला का वहाँ,
भला क्यों हो गुमां?
न मनुष्य का वां था कहीं भी निशां
तो क्या स्वर्ग को फाड़ परी बरसी है?
उस कोलाहल में ध्वनि उसकी
दबती दबती आती थी
दया, प्रेम भक्ति और हित की
ठुनुक ठुनुक के बुलाती—
अरे नयनों के सितारे!
"मरे प्यारे!
अरे आरे!"
आवाज़ यही एक निकट कुंज से मधुर स्वर में आती थी।

इन पंक्तियों का पाठ 'बिहार-बंधु' में इस प्रकार है :

रोने की सी आवाज़? आती है कहाँ? वह,
उंह नहीं। अब? आहा! वहाँ वह
है तो कोई अबला की धूनी और प्रीत के रस की है माती हुई।
अबला का वहाँ
भला क्यों हो गुमां?
व मनुष्य का वां था कहीं भी निशां।
तो क्या स्वर्ग को फाड़ परी बरसी है?
उस कोलाहल में धुनी उस की
दबती दबती आती थी
दया, प्रेम भक्ति और रस की
ठुनक ठुनक के बुलाती थी
अरे नयमों के सितारे।
'मेरे प्यारे
अरे आरे'
आवाज यहीं उस कुंज से मधुर सुर में आती थी।

इन पंक्तियों में बड़ा बदलाव नहीं दिखता है। परंतु शब्दों एवं चिह्नों के छोटे-छोटे बदलावों ने कविता के लय में परिवर्तन कर दिया है। **धूनी** शब्द को 'खड़ी बोली का पद्य' में **ध्वनि** कर दिया गया है जो सटीक प्रयोग है। वहीं **रस की** जगह **हित की** एवं **ठुनक** की जगह **ठुनुक** असंगत प्रयोग है। **उस कुंज** की जगह **एक निकट कुंज** बिना बात के शब्द बढ़ाना लगता है। यह

कहना बहुत ही मुश्किल है कि ये बदलाव स्वयं कवि ने किए हैं या संपादक ने। आगे के अनुच्छेदों में भी कुछ बदलाव दिखते हैं। 'खड़ी बोली का पद्य' में ये पंक्तियाँ हैं :

तवा नाजुक़ प उसके कुछ था मलाल
वाल बिखरे थे वस्त्र का न ख़्याल,
लाव रायता गुलाबी
सूखी थी एक ज़री सो।

'बिहार-बंधु' में ये पंक्तियाँ कुछ इस तरह हैं :

तबा नाजुक़ प उसके कुछ था मलाल
बाल बिखरे न वस्त्र का था ख़्याल,
लावण्यती गुलाबी
सूखी थी एक ज़री सी।

'लंदन प्रति' में भी **जरी सी** ही है न कि **ज़री सो**। 'खड़ी बोली का पद्य' की निम्न पंक्तियाँ 'बिहार-बंधु' में नहीं हैं :

मुख मलीन मृग लोचक शुष्क
शशि की कला में बहार नहीं थी,
लब दबै यौवन उभरे
रति को छटा रलार नहीं थी,

'**प्रति जब रोते रोते थक जाती**' के स्थान पर 'बिहार-बंधु' वाले पाठ में– **सोत जब रोते राते थक जाती। लखती, सलती, मग़लूब** के स्थान पर क्रमशः **मलती, मलती, मरलूम** का प्रयोग हुआ है।

बिजूली जो कहीं चमकती आसमां में शायद
घबड़ाहट अधिक थी उससे उसकी जां में शायद

के स्थान पर 'बिहार-बंधु' पाठ इस प्रकार है :

बिज्ली जो कहीं चमकती आसमां में।
अकबर थी उससे बेकरारी जां में

भेष, तीक्षण, को, कामिनी को के स्थान पर 'बिहार-बंधु' पाठ में क्रमशः **भेस, तीक्ष्ण, की, कामिनी की** है। 'लंदन प्रति' में भी **कामिनी की** शब्द है। 'खड़ी बोली का पद्य' में **बे अक्ल** शब्द है, वहीं 'बिहार-बंधु' में **बेअक्ल।** इसी

तरह **इसनाज़** का प्रयोग 'बिहार-बंधु' में पृथक्-पृथक् हुआ है– **इस नाज़**। अगली पंक्ति में **लिपटी** के स्थान पर **लपेट** का प्रयोग वहाँ दिखाई देता है। 'खड़ी बोली का पद्य' में उन्नीसवें खंड में **सीने की, फड़क से, महक से** शब्द पृथक्-पृथक् हैं किंतु 'बिहार-बंधु' के पाठ में ये शब्द एक साथ हैं। 'खड़ी बोली का पद्य' में इसी खंड की चौथी पंक्ति का **उभरता** शब्द 'स्वप्न' कविता के 'बिहार-बंधु' पाठ में **उभराता** है। इसी खंड की निम्नलिखित पंक्तियाँ 'बिहार-बंधु' में भिन्न तरीके सी आई हैं :

नार अलबेली-सी बैठी थी वह जाल की शोभा दिखाती हुई
ओ डराती हुई ओ लुभाती हुई और पेड़ों की ललचाती हुई
पर हुस्न का जिल्वा
उस वन में भला क्या?
अनेक हैं फूल की जन्म लिये पर्ती में और कुम्हलाये वहीं है।
खिल खिलकर वह सुगंध सुंदर को धीरे-धीरे मिटाये वही हैं।
अनेक हैं मोती समुद्र के गर्भ में मर्म न जिनका जान पड़ेगा।
निर्मल, नवीन, गोल, सुडौल अनेक हैं लेक पटाये वहीं है।

इस कवितांश का पाठ 'बिहार-बंधु' में इस प्रकार है :

ग़रज ऐसी ही नाज़ से बैठी थी वह जंगल की शोभा (दिखातो हुई)
औ डराती हुई औ लुभाती हुई और पेड़ों की ललचाती हुई

पर हुस्न का जिल्वा
उस वन में भला क्या?
अनेक हैं फूल कि : जन्म लिये पर्ती में और कुम्हलाये वहीं है।
खिल खिलकर वह सुगंध सुंदर को धीरे-धीरे मिटाये वही हैं।
अनेक हैं मोती समुद्र के गर्भ में गूढ़ता जिसकी (न जान पड़ेगी)
निर्मल, नविन, गोल, सुडौल अनेक हैं लेक पटाये वहीं है।

वास्तव में, वर्तनी की शुद्धि की दृष्टि से कुछ बदलाव महत्त्वपूर्ण हैं, जैसे– **नविन** से **नवीन**। इसके साथ ही छोटे-छोटे परिवर्तनों का कोई खास महत्त्व और अर्थ नहीं है, जैसे– **गूढ़ता जिसकी** को **मर्म न जिनका** करने का तात्पर्य स्पष्ट नहीं होता।

अनुच्छेद संख्या 20 में **जमां, काफ़ला, प्रीत** शब्दों की जगह पर 'बिहार-बंधु' पाठ में क्रमशः **संग, काफ़ीला, पृत** शब्द हैं। अनुच्छेद 21 में **पइस, जार, भड़की, शवाब, हँसने, मेह** के स्थान पर 'बिहार-बंधु' में क्रमशः **व इस, ज़ोर, धधकी,**

शबाब, हसने और **मेंह** है। 'अयोध्या प्रसाद खत्री स्मारक ग्रंथ' में संकलित 'स्वप्न' का यह अंश :

मान्सिक मेंह मुँह पर ज्यों आते
वस्त्र पानी में होके विल्कुल तर
सट गया धीरे धीरे कुलतन पर

...

जब मचकर वह खोलती आँखें
शून्य मय देख मूँदती आँखें।

'बिहार-बंधु' में इस प्रकार है :

मान्शिक मेह मुँह पर यों आते
वस्त्र पानी में होके बिल्कुल तर
सट गया धीरे धीरे कुल तन पर
...
जब मचकर वह खोलती आँखें
शून्य में देख मूँदती आँखें।

'अयोध्या प्रसाद खत्री स्मारक ग्रंथ' में संकलित 'स्वप्न' कविता का यह अंश 'बिहार-बंधु' में नहीं है :

न वह बाप न माँ,
न राजभवन न सहेलिन गण,
न प्यारी सखियाँ कोई,
दिग धारन के बुझावन हारे,
जी थक जांय न थे पर कोई।

अनुच्छेद संख्या 21 में प्रयुक्त अर्द्धविरामों एवं पूर्ण विरामों में भी दोनों पाठों में पर्याप्त भिन्नता है। 'अयोध्या प्रसाद खत्री स्मारक ग्रंथ' के पृष्ठ संख्या 148 में पहली, पाँचवीं, नवीं एवं ग्यारहवीं पंक्तियों में अर्द्धविराम का प्रयोग हुआ है जो कि 'बिहार-बंधु' में नहीं हुआ है। इसी पृष्ठ पर की दूसरी, चौथी, आठवीं, दसवीं, बारहवीं आदि पंक्तियों में प्रयुक्त पूर्णविराम चिह्नों का अभाव 'बिहार-बंधु' पाठ में है। इसी पृष्ठ पर नवीं पंक्ति में **बे उनसो** का लिंग 'बिहार-बंधु' में परिवर्तन हो जाता है– **बे उनसी**। 18वीं पंक्ति में प्रयुक्त **कभी** 'बिहार-बंधु' में **लगी** के रूप में आया है। अनुच्छेद 22 में 'अयोध्या प्रसाद खत्री स्मारक ग्रंथ', पृष्ठ संख्या 149 में तीसरी पंक्ति और चौथी पंक्ति में **वां** शब्द प्रयुक्त हुआ है। यह 'बिहार-बंधु' में **बा** है। यहाँ **विदेशी**, वहाँ **विदेशि** है। एक ही अनुच्छेद में एक ही शब्द का

दो प्रकार से प्रयोग संभवतः छंद मिलाने के लिए किया गया है लेकिन वर्तनी की दृष्टि से यह उचित नहीं लगता। 'अयोध्या प्रसाद खत्री स्मारक ग्रंथ' में अनुच्छेद 22, पृष्ठ संख्या 149 में **बिदेसी, विदेशि** और **विदेशियों** का प्रयोग है। वर्तनी की दृष्टि से **विदेशी** उचित है। **विदेशियों** का प्रयोग सही हुआ है। वहीं 'बिहार-बंधु' के पाठ में **बिदेसी, बिदेशि** और **बिदेशियों** का प्रयोग हुआ है। इसी तरह **सब** शब्द की जगह 'बिहार-बंधु' में **सर** है। भाव की दृष्टि से यह लगता है कि कवि **सारे** लिखना चाहता हो। पृष्ठ संख्या 149 की दसवीं पंक्ति में **ढिठाई** शब्द का प्रयोग हुआ है, जो 'बिहार-बंधु' में **ढ़ठाई** के रूप में आया है। इसी तरह **बे काम** को एक साथ **बेकाम** लिखा गया है। यही 'लंदन प्रति' में **व काम** के रूप में दिखता है। **अगोड़** शब्द 'लंदन प्रति' में बदलकर **अगोढ़** हो गया है।

'अयोध्या प्रसाद खत्री स्मारक ग्रंथ' में अनुच्छेद 23 में **बे वजह** अलग-अलग लिखा गया है जबकि 'बिहार-बंधु' में एक साथ **बेवजह।** 'बिहार-बंधु' में **मगल** शब्द आया है जिसे 'अयोध्या प्रसाद खत्री स्मारक ग्रंथ' में **मंगल** लिखा गया है। खत्री संस्करण में 'स्वप्न' के 23 वें अनुच्छेद में बस **घोर** शब्द प्रयुक्त हुआ है जब कि 'बिहार-बंधु' पाठ में **घनघोर।** खत्री संस्करण में अनुच्छेद 24 में **मैं, सन्मुख** एवं **मुन्सिफ** प्रयुक्त हुआ है जो 'बिहार-बंधु' के पाठ में क्रमशः **में, समुख** और **मुनसिफ** है। इसी अंक के **तुःफ** और **जीती** शब्द खत्री संस्रकण में **ताफ** और **जाती** है। **तुःफ** शब्द का प्रयोग 'लंदन प्रति' में भी हुआ है लेकिन वहाँ **फ** में हलंत का प्रयोग हुआ है। इसी अंक में खत्री संस्करण में **गिरती जो थी** दिखाई देता है, जिसका पाठ 'बिहार-बंधु' में यह है– **गिरते जो थे**। इसी तरह **बस वहीं वहीं तक** की जगह 'बिहार-बंधु' पाठ है– **बस वही, वही तक**। खत्री संस्करण में **कैसा लगी** आया है जो लंदन प्रति एवं 'बिहार-बंधु' में दोनों जगह **कैसी लगी** है।

इन भिन्न-भिन्न पाठों के साथ जो सबसे बड़ी और मुख्य समस्या जुड़ी हुई है, वह यह है कि आगे के पाठों– 'खड़ी बोली का पद्य', उसकी 'लंदन प्रति', 'खत्री स्मारक ग्रंथ', 'महेश नारायण : व्यक्तित्व और कृतित्व'– किसी में भी 'बिहार-बंधु' के मूल पाठ का उल्लेख करते हुए उससे पाठ-भिन्नता स्पष्ट नहीं की गई है। जब यही नहीं दिया गया है तो क्यों और कैसे देने का तो सवाल ही नहीं उठता। दूसरी समस्या यह है कि हम 'खड़ी बोली का पद्य' के प्रचलित पाठ को ही वास्तविक पाठ मान लें अथवा 'बिहार-बंधु' के प्रायः अनुपलब्ध पाठ को?

इन समस्याओं के संदर्भ में यह तथ्य उल्लेखनीय है कि 'स्वप्न' कविता का प्रथम प्रकाशन एक पत्र में हुआ था और इसके दूसरी बार प्रकाशित होने के समय भी कवि मौजूद था। इसलिए संशोधनों को प्रक्षिप्त मान लेना उचित नहीं होगा।

हालाँकि यह प्रमाणित करने का भी कोई स्पष्ट साक्ष्य या साधन अब उपलब्ध नहीं है, जिसके आधार पर यह कहा जा सके कि ये संशोधन स्वयं कवि ने किये थे। अब इन पर अनुमान ही किया जा सकता है। इस परिस्थिति में 'स्वप्न' कविता की मूल और केंद्रीय संवेदना को ध्यान में रखकर उसके विभिन्न पाठों से बीच का एक पाठ निकाला जा सकता है। भाषा संबंधी– लिंग, कारक एवं वर्तनी आदि के परिवर्तनों को उनके शुद्ध रूप में लिया जा सकता है। वह समय भाषा के निर्माण का समय था इसलिए उनके परिष्कार का अधिकार आज खुला हुआ है। 'स्वप्न' के दो प्रमुख पाठों की अच्छी प्रस्तुति डॉ. रामनिरंजन परिमलेंदु ने की है।

संदर्भ स्त्रोत

1. 'खड़ी बोली का पद्य' के पाठ के लिए आचार्य शिवपूजन सहाय, नलिन विलोचन शर्मा (सं.), अयोध्या प्रसाद खत्री स्मारक ग्रंथ, पृ. 135-160
2. 'बिहार-बंधु' के पाठ के लिए डॉ. रामनिरंजन परिमलेंदु, भारतेंदु काल के भूले-बिसरे कवि और उनका काव्य, पृ. 333-344

अनेक हैं फूल कि जन्म लिये परती में और कुम्हलाये वहीं हैं
खिल खिलकर वह सुगंध सुंदर को धीरे-धीरे मिटाये वहीं हैं।

—महेश नारायण

चौथा अध्याय

पहली आधुनिक कविता 'स्वप्न' क्यों

मैनेजर पाण्डेय लिखते हैं– "हिंदी की पहली आधुनिक कविता वही होगी जो एक तो खड़ी बोली में लिखी हुई हो; दूसरे, भारत की पराधीनता की पहचान के साथ ही स्वाधीनता की चेतना की अभिव्यक्ति भी उसमें हो। ऐसी ही कविता है 'स्वप्न'।"[1] यह पहली बार 1881 में प्रकाशित हुई। खड़ी बोली हिंदी की यह पहली कविता है जिसका धारावाहिक प्रकाशन किसी पत्र में हुआ। इसके बाद यह कविता अयोध्या प्रसाद खत्री द्वारा 1887 ई. में संपादित और प्रकाशित 'खड़ी बोली का पद्य' (पहला भाग) में संगृहीत हुई है। 'खड़ी बोली का पद्य' की लंदन प्रति जिसे फ्रेडरिक पिन्कॉट ने संपादित किया था, में भी यह कविता संकलित की गई। तत्पश्चात 1960 ई. में आचार्य शिवपूजन सहाय एवं प्रो. नलिन विलोचन शर्मा द्वारा संपादित 'अयोध्या प्रसाद खत्री स्मारक ग्रंथ' में यह कविता उद्धृत की गई। 1965 में प्रकाशित उमाशंकर की पुस्तक 'महेश नारायण : व्यक्तित्व और कृतित्व' में भी 'स्वप्न' कविता पुनः मुद्रित हुई। 1984 ई. में राँची कॉलेज के डॉ. महाकालेश्वर ने 'महेश नारायण कृत 'स्वप्न' नामक एक पुस्तिका संपादित की, जिसमें भी 'स्वप्न' का पुनर्प्रकाशन हुआ।

इतनी बार प्रकाशित होने के बाद भी यह महत्त्वपूर्ण कविता हिंदी साहित्य के इतिहासकारों, आलोचकों तथा अनुसंधानकर्ताओं से उपेक्षित रही। उमाशंकर का रोष उचित ही है : "खेद की बात है कि ऐसे महाकवि को अब तक इतिहास में स्थान नहीं मिला।...भारतेंदु-युग पर लिखकर कई व्यक्तियों को 'डॉक्टर' की उपाधि मिल चुकी है, पर उस युग के बहुतेरे साहित्यकार अभी भी प्रकाश में नहीं आये हैं। भारतेंदु-युग के लगभग 50 ऐसे साहित्यिकों के संबंध में हमें पता लगा है, जिनके प्रकाश में आने से हिंदी साहित्य का गौरव बढ़ता है।... मुझे तो आश्चर्य

1. मैनेजर पाण्डेय, आलोचना की सामाजिकता, पृ. 230

यह है कि इतिहास-लेखक कैसे इस जन्मदाता को भूलकर अपनी कृतियों के पूर्ण होने का स्वप्न देखते रहे?''[1]

डॉ. शितिकंठ मिश्र ने अपने पी-एच.डी. के शोध-प्रबंध 'खड़ी बोली का आंदोलन' में सबसे पहले इस कविता की संक्षिप्त चर्चा की। चर्चा करना एक तरह से उनकी मजबूरी भी थी। 'खड़ी बोली का आंदोलन', 'खड़ी बोली का पद्य' की चर्चा के बिना पूरा नहीं हो सकता था। 1956 ई. में प्रकाशित उनकी पुस्तक 'खड़ी बोली का आंदोलन' में 'स्वप्न' और 'एक बेवे की मुनाजात'– दोनों की चर्चा 'मुंशी स्टाइल' के भीतर विधवा-समस्या की कविता के रूप में की गई है। 1961 ई. में 'कलम-शिल्पी', 'महेश नारायण : व्यक्तित्व और कृतित्व'– दोनों पुस्तकों में उमाशंकर ने इस कविता और कवि पर विस्तृत चर्चा की है। 1968 ई. में डॉ. प्रताप नारायण टंडन ने 'हिंदी साहित्य का प्रवृत्तिगत इतिहास' (खंड-1, पद्य भाग) लिखा। इसमें 'भारतेंदुयुगीन कविता की मुख्य प्रवृत्तियाँ' के अंतर्गत भारतेंदु, जगमोहन सिंह, प्रताप नारायण मिश्र, राधाचरण गोस्वामी, राधाकृष्ण दास, 'प्रेमघन' की चर्चा करते हुए इसी क्रम में महेश नारायण का जिक्र लेखक ने किया है। 1974 ई. में 'निराला और मुक्त छंद' नामक पुस्तक में शिवमंगल सिद्धांतकर ने महेश नारायण के ऐतिहासिक अवदान की चर्चा की है। 1984 ई. में महाकालेश्वर ने 'स्वप्न' का संपादन-प्रकाशन एक लंबी भूमिका के साथ किया। गिरिजा कुमार माथुर ने 'नई भाषा में सामाजिकता का पहला स्वर : गुप्त जी' (1988) में महेश नारायण की 'स्वप्न' कविता का उल्लेख किया है।

हाल में 'स्वप्न' पर जो चर्चा आरंभ हुई, उनमें सबसे पहले 5 अक्टूबर, 1990 ई. को समाचार-पत्र 'जनसत्ता' के संपादकीय पृष्ठ पर एक फीचर डॉ. देवेन्द्र चौबे ने लिखा। समाचार-पत्र में प्रकाशित होने के कारण उस पर हिंदी जगत का ध्यान अपेक्षाकृत अधिक। हालाँकि उन्होंने तथ्यात्मक सूचनाएँ गलत दी हैं, मसलन, ''भारतेंदु काल में मुजफ्फरपुर में महेश नारायण नामक एक कवि हुए थे...महेश नारायण ने खड़ी बोली में कई कविताएँ लिखीं। लेकिन उनकी सर्वाधिक महत्त्वपूर्ण कविता 'स्वप्न' है, जिसका प्रकाशन 'बिहार-बंधु' में 13 अक्टूबर, 1881 ई. को हुआ था।''[2] तथ्य यह है कि महेश नारायण 'मुजफ्फरपुर' नहीं, 'बभनगामा', राजमहल, संथाल परगना के थे और उनका कार्य क्षेत्र पटना था। साथ ही उनकी कई कविताएँ नहीं बल्कि एक ही कविता 'स्वप्न' धारावाहिक रूप में 13 अक्टूबर, 1881 ई. से 15 दिसंबर, 1881 तक 'बिहार-बंधु' में छपी थी। अगर अन्य कविताएँ उन्होंने लिखी भी

1. उमाशंकर, महेश नारायण : व्यक्तित्व और कृतित्व, पृ. 68, 69, 73
2. जनसत्ता, दिनांक 5.8.1990, संपादकीय पृष्ठ

हों तो वे नहीं मिलती हैं। प्राय: सभी ने यह तथ्यात्मक भूल की है कि 'स्वप्न' का प्रकाशन 13 अक्टूबर, 1881 को 'बिहार-बंधु' में हुआ। लेकिन डॉ. रामनिरंजन परिमलेंदु ने अपने शोधपूर्ण आलेख के द्वारा यह बताया है कि इसका धारावाहिक प्रकाशन हुआ है। डॉ. देवेन्द्र चौबे ने नवंबर, 1998 ई. के 'आजकल' में 'मुक्त छंद के प्रथम कवि' नामक आलेख भी इस कविता और कवि पर लिखा। इसके पश्चात् जुलाई-अगस्त, 1999 ई. में 'समकालीन भारतीय साहित्य' में डॉ. रामनिरंजन परिमलेंदु का महत्त्वपूर्ण आलेख 'हिंदी में प्रथम मुक्त छंद' प्रकाशित हुआ। 2002 ई. में प्रकाशित उनकी पुस्तक 'भारतेंदु काल के भूले-बिसरे कवि और उनका काव्य' में भी इस कविता की विस्तृत चर्चा हुई है। इसके बाद पुन: डॉ. देवेन्द्र चौबे एवं रश्मि चौधरी ने 'इतिहास और कविता' नामक लेख ('तद्भव', अंक 9, अप्रैल, 2003 में प्रकाशित) को इस कविता पर केंद्रित किया। 2004 में मैनेजर पाण्डेय ने 'हिंदी की पहली आधुनिक कविता' नामक आलेख लिखा और इसे हिंदी की पहली आधुनिक कविता बताया।

खड़ी बोली का पहला आधुनिक कवि या इतिहास में उपेक्षित नाम

आधुनिक हिंदी साहित्य का आरंभ भारतेंदु हरिश्चंद्र के साथ माना गया है। वे नाटक, निबंध, साहित्यिक पत्रकारिता के प्रवर्तक थे, साथ ही महत्त्वपूर्ण कवि भी। कविताएँ उन्होंने प्रमुख रूप से ब्रजभाषा में की हैं। ब्रजभाषा के साथ-साथ उन्होंने संस्कृत, बांग्ला, उर्दू, गुजराती, मारवाड़ी और पंजाबी में भी कविताओं की रचना की। 1 सितंबर, 1881 को 'भारतमित्र' के संपादक को पत्र के साथ उन्होंने कुछ रचनाएँ भेजीं। भारतेंदु ने उक्त पत्र में लिखा : "प्रचलित साधुभाषा में कुछ कविता भेजी है। देखिएगा कि इसमें क्या कसर है और किस उपाय के अवलंबन करने से इस भाषा में काव्य सुन्दर बन सकता है। इस विषय में सर्वसाधारण की अनुमति ज्ञात होने पर आगे से वैसा परिश्रम किया जाएगा। तीन भिन्न-भिन्न छंदों में यह अनुभव करने के लिए कि किस छंद में भाषा का काव्य अच्छा होगा, कविता लिखी है। मेरा चित्त इससे संतुष्ट न हुआ और न जाने क्यों ब्रजभाषा से मुझे इसके लिखने में दूना परिश्रम हुआ।"[1] हालाँकि भारतेंदु ने हण्टर कमीशन के सामने स्वयं को हिंदी, उर्दू व संस्कृत का कवि बताया गया था, लेकिन 'भारतमित्र' के संपादक को भेजे उनके पत्र से जाहिर होता है कि ब्रजभाषा काव्य को ही वे हिंदी काव्य मानकर चल रहे थे। गद्य की हिंदी फिर क्यों भिन्न थी? वस्तुत: यह विरोधाभास उस समय के अनेक रचनाकारों में है।

1. हेमंत शर्मा (सं.), 'भारतेंदु समग्र', पृ. 1074

लेकिन जिस समय भारतेंदु जैसे हिंदी-प्रेमी के लिए भी खड़ी बोली में काव्य करना श्रमसाध्य और बहुत कठिन था, उसी समय में महेश नारायण ने हिंदी में लंबी कविता लिखी। उन्होंने हिंदी में लिखने का कोई स्पष्टीकरण नहीं दिया। वे हिंदी के प्रेमी, पक्षधर थे। राष्ट्र के विकास के लिए हिंदी को जरूरी मानते थे। इसलिए लिखते थे। वे अंग्रेजी के पत्रकार थे, लेकिन कविता हिंदी में की। हिंदी में लेख भी लिखते रहे। उमाशंकर लिखते हैं कि "राष्ट्रभाषा आंदोलन के वे अगुआ थे।"[1] एक समय था जब माना जाता था कि बिहारियों की मातृभाषा हिंदी नहीं है। यही वास्तविकता भी है। खड़ी बोली हिंदी दिल्ली-मेरठ क्षेत्र की कौरवी के आधार पर विकसित भाषा है। वह बिहारियों की मातृभाषा कैसे हो सकती है? लेकिन हिंदी को राष्ट्रभाषा का दर्जा देकर सबने उसे अपनी भाषा बनाया। राष्ट्र के विकास के लिए, अपनी भाषा को सरकारी कामकाज, शिक्षा, तरक्की की भाषा बनाने के लिए लोगों ने एक भाषा– हिंदी को अपनाया, उसके पक्ष में आंदोलन किए। महेश नारायण ने हिंदी में लिखकर, उसके विषय में लिखकर यह प्रमाणित किया कि बिहारियों की मातृभाषा भी हिंदी ही है। सरकार को यह मानने पर मजबूर किया। ऐसी थी उनकी हिंदी सेवा।

अंग्रेजों ने जब हिंदी और उर्दू के बीच बँटवारा करके संघर्ष कराना चाहा तब बिहार में महेश नारायण ने ऐसा नहीं होने दिया। भाषा के सवाल पर उनके विचार कितने सुलझे हुए थे, इसका अनुमान उनके इस कथन से लगाया जा सकता है– "हिंदू लड़कों को हिंदी पढ़ाई जाए क्योंकि वह उनकी मातृभाषा है, संस्कृत इसलिए पढ़ाई जाए क्योंकि वह उनकी धर्मभाषा है और अंग्रेजी इसलिए पढ़ना चाहिए कि वह उनकी राज्यभाषा है। इसी प्रकार मुसलमान लड़कों के लिए हिंदी अनिवार्य रूप में पढ़ाई जानी चाहिए क्योंकि वह उनकी मातृभाषा है, अरबी उन्हें इसलिए पढ़ाई जाय कि वह उनकी धर्मभाषा है और उन्हें अंग्रेजी इसलिए पढ़नी चाहिए कि वह उनकी राज्यभाषा है।"[2] इस प्रकार हम देखते हैं कि वे सभी के लिए हिंदी पढ़ना अनिवार्य समझते थे। उन्होंने उर्दू का कहीं जिक्र ही नहीं किया है। संभवत: अयोध्या प्रसाद खत्री की भाँति वे भी उर्दू को खड़ी बोली की ही एक शैली समझते थे। हालाँकि उन्होंने खत्री की तरह उद्घोषित नहीं किया कि– "उर्दू को मैं हिंदी का एक स्टाइल समझता हूँ। उर्दू पद्य को खड़ी बोली का पद्य मानता हूँ। यह लोक-विरुद्ध है। बहुत कम : परंतु माननीय : विद्वानों से इस विषय में मेरी राय मिलती है।"[3] फिर भी उनकी लिखी

---

1. उमाशंकर, महेश नारायण : व्यक्तित्व और कृतित्व, पृ. 22
2. वही, पृ. 40
3. आचार्य शिवपूजन सहाय एवं नलित विलोचन शर्मा (सं.), अयोध्या प्रसाद खत्री स्मारक ग्रंथ, पृ. 266

हिंदी, उनकी काव्यभाषा खत्री वाली भाषा-नीति का ही मुखर समर्थक साबित होती है।

महेश नारायण हर काम को सुव्यवस्थित ढंग से करते थे। उनका उद्देश्य तय था। उसी के अनुसार वे चल रहे थे। डॉ. सच्चिदानंद सिन्हा ने लिखा है– "Mahesh Narayan was a man with a mission... he commenced his career as a public man with no friend but his ideal of serving the people and no fortune but his intense and sincere patriotism."[1]

प्रथमतः तो उनका उद्देश्य खड़ी बोली से हटकर बिहार पर केंद्रित हो गया और द्वितीय स्तर पर खड़ी बोली आंदोलन में पद्य की भाषा को लेकर भयानक कटुता उत्पन्न हो गई। उमाशंकर का मानना है कि महेश नारायण जान-बूझकर ऐसा प्रसंग उत्पन्न नहीं करते थे, जिससे कटुता उत्पन्न हो। आंदोलन की दिशा भिन्न होने के कारण उन्होंने अपने को तटस्थ कर लिया। वास्तव में, उद्देश्य की प्राथमिकता के आधार पर वे अपने कार्यक्षेत्र की प्राथमिकता तय करते रहे। उन्हें विश्वास था कि खड़ी बोली ही काव्यभाषा के रूप में स्वीकृत होगी, लेकिन काव्य-सृजन से अपने को उन्होंने खींच लिया। लेखों में खड़ी बोली का प्रयोग अवश्य करते रहे।

भाषा को लेकर भारतेंदु और महेश नारायण के मतों से भी स्पष्ट है कि महेश नारायण के लिए खड़ी बोली में कविता लिखने को लेकर कोई दुविधा नहीं थी, जबकि उसी समय भारतेंदु इसमें असुविधा महसूस कर रहे थे। इस संदर्भ को दृष्टि में रखते हुए, भारतेंदु के आगे महेश नारायण को बड़ा साबित करने के लिए नहीं, बल्कि हिंदी कविता के इतिहास को तथ्यात्मक रूप से प्रामाणिक बनाने के लिए 'स्वप्न' को उसके महत्त्व के अनुरूप स्थान उसमें मिलना चाहिए। भारतेंदु की 1 सितंबर, 1881 ई. की आत्मस्वीकृति के केवल एक माह तेरह दिन बाद ही 'स्वप्न' पहली बार 'बिहार-बंधु' में प्रकाशित हुई थी। हम हिंदी कविता के इतिहास को खड़ी बोली कविता से न जोड़कर देशी-भाषाओं के काव्य से जोड़ते हैं। इसके बावजूद खड़ी बोली हिंदी में पद्य रचना को लेकर जो महत्त्वपूर्ण आंदोलन 19वीं सदी के उत्तरार्द्ध में हुआ, उसे और आज की हिंदी कविता को देखते हुए महेश नारायण को समुचित महत्त्व मिलना चाहिए क्योंकि 'उन्होंने अपनी रचनाओं के द्वारा खड़ी बोली की शक्ति को सिद्ध किया है।'[2] वास्तव में, महेश नारायण खड़ी बोली के आरंभिक महत्त्वपूर्ण कवियों में से एक हैं।

---

1. Dr. Sachchidanand Sinha, Some Eminent Bihar Contemporaries, Page 44
2. उमाशंकर, महेश नारायण : व्यक्तित्व और कृतित्व, पृ. 68

साहित्येतिहास द्वारा उपेक्षित व्यक्तित्व

इसके बावजूद तथ्य यही है कि हिंदी साहित्य के इतिहास में महेश नारायण को स्थान नहीं मिला। उन पर लिखते हुए उमाशंकर खेद जताते हैं कि इस महाकवि को अभी तक इतिहास में स्थान नहीं मिला। कहीं उनका नामोल्लेख भी नहीं हुआ। उन्हें आश्चर्य है कि इतिहास-लेखक कैसे इन्हें भूलकर अपनी कृतियों को पूर्ण मानने का स्वप्न देखते रहे! अनुसंधान की कमी के आधार पर इस भूल को क्या उचित ठहराया जा सकता है? उमाशंकर ने 'महेश नारायण : व्यक्तित्व और कृतित्व' 1965 ई. में लिखी। इसके बाद भी लिखे गए प्रमुख इतिहास ग्रंथों में महेश नारायण की चर्चा नहीं की गई। रांची विश्वविद्यालय के रामखेलावन पाण्डेय का इतिहास ग्रंथ 'हिंदी साहित्य का नया इतिहास', 1968 ई. में प्रकाशित इतिहास की साधारण-सी एक पुस्तक 'हिंदी साहित्य का प्रवृत्तिगत इतिहास' (लेखक डॉ. प्रताप नारायण टंडन) में जरूर 'भारतेंदुयुगीन कविता की मुख्य प्रवृत्तियाँ' नामक अध्याय में महेश नारायण का जिक्र हुआ है। लेकिन प्रवृत्तियों की कोई वस्तुनिष्ठ व्याख्या नहीं की गई है। बस, पहले से विभाजित कालखंडों के आधार पर अध्यायों का नामकरण कर दिया गया है। मसलन, 'द्विवेदीयुगीन कविता की मुख्य प्रवृत्तियाँ', 'रीतिकालीन कविता की मुख्य प्रवृत्तियाँ' आदि। महेश नारायण को भारतेंदुयुगीन प्रवृत्तियों के भीतर रखते हुए टंडन लिखते हैं– "भारतेंदुयुगीन कवियों में महेश नारायण का नाम भी उल्लिखित किया जा सकता है। छंद योजना की दृष्टि से इनकी कुछ रचनाएँ महत्त्व की हैं। इन्होंने उर्दू-हिंदी की काव्य-शैलियों को मिलाकर एक नवीन रूप दिया था। प्रकृति-चित्रण संबंधी कुछ रचनाएँ इनकी इस दृष्टि से विशेष रूप से द्रष्टव्य हैं।"[1]

टंडन ने 'स्वप्न' की मुक्त छंद वाली पंक्तियों को उदाहरण के तौर पर दिया है। परंतु उन्हें मुक्त छंद का बताया नहीं है। संभवतः उन्हें यह संकोच हुआ हो कि भारतेंदुयुग के 'इत्यादि' की श्रेणी में आने वाले कवि ने मुक्त छंद का प्रवर्तन कैसे कर दिया! खैर, उन्होंने महेश नारायण का उल्लेख तो किया, नामचीन इतिहास-लेखकों ने तो वह भी करने का कष्ट नहीं किया। हिंदी साहित्य का 'दूसरा इतिहास' लिखने वाले महान इतिहास-लेखकों ने 'हिंदी-उर्दू शैली का काव्य' जरूर लिख दिया, लेकिन खड़ी बोली हिंदी के आरंभिक रचनाकारों को जिक्र के लायक भी नहीं माना। आखिर इतिहास लिखने की यह कैसी नीति है?

ऐसा अचानक नहीं होने लगा है। बहुत पहले से, हिंदी में साहित्येतिहास-लेखन के आरंभिक दिनों से ही यही होता रहा है। कुछ साहित्यकारों को छोड़ दिया जाता है, कुछ का नामोल्लेख 'इत्यादि' की तरह समेटकर कर दिया जाता है

1. डॉ. प्रताप नारायण टंडन, हिंदी साहित्य का प्रवृत्तिगत इतिहास, खंड-1, पृ. 298

तो कुछ की व्याख्या गलत तरीके से की जाती है। महेश नारायण शुरू से ही उपेक्षा के शिकार रहे; क्योंकि उनका जिक्र-भर करने से उनके अनेक समकालीन कवियों की हिंदी की पोल खुल जाती। खड़ी बोली कविता के प्रवर्तन का श्रेय उन्हें देना साहित्यकारों, इतिहासकारों की राजनीति के विरुद्ध था। सबसे पहले ग्रियर्सन को लें। ग्रियर्सन हिंदी के बड़े प्रेमी थे। बहुत मेहनत करके उन्होंने 'मॉडर्न वर्नाक्यूलर लिटरेचर ऑफ हिंदुस्तान' नामक किताब सन् 1889 ई. में लिखी। हम भारतीय उनके दिए विशेषण 'वर्नाक्यूलर' को आज तक अपनी भाषाओं के साथ जोड़ते हैं। उनके व्यक्तिगत संबंध महेश नारायण के साथ थे, लेकिन अपनी किताब में उन्होंने उनकी उपेक्षा की। उनकी सिफारिश पर महेश नारायण को 1902 ई. में दिल्ली दरबार में शामिल होने का मौका मिला। लेकिन ग्रियर्सन की दृष्टि में संभवतः महेश नारायण की रचना का महत्त्व नहीं था। उन्होंने अयोध्या प्रसाद खत्री को लिखे पत्र (16 सितंबर, 1888 ई.) में कहा कि "I am strongly of opinion that all attempts at writing poetry in 'khari boli' must be unsuccessful. The matter was fully disscussed some years ago by babu Harish Charndra of Banaras and I consider his arguments convincing"[1]

जब भारतेंदु हरिश्चंद्र ने खड़ी बोली में कविता करना कठिन, श्रमसाध्य और नीरस बता ही दिया और ग्रियर्सन ने उनके मत को प्रभावशाली मान लिया तो फिर इतिहास में महेश नारायण और खत्री को स्थान कहाँ से मिलेगा? खड़ी बोली पद्य और उसके आंदोलन के प्रति पूर्वग्रह-भरी दृष्टि इतिहासकारों के यहाँ प्रायः मिलती है।

इसी क्रम में बाबू श्यामसुंदर दास, मिश्र बंधु एवं आचार्य रामचंद्र शुक्ल की इतिहास-दृष्टि आती है। श्यामसुंदर दास एवं महेश नारायण व्यक्तिगत रूप से परिचित थे। इस स्थिति में भूलवश छूट जाना पचता नहीं है। वास्तव में 'स्वप्न' का संकलन 'खड़ी बोली का पद्य' (प्रथम भाग) में हुआ। यह पुस्तक हिंदी-जगत में एक बड़े विवाद को लेकर आई। पद्य की भाषा पर ऐसा विवाद उठा जो बाद में चल कर 'खड़ी बोली का आंदोलन' का रूप लेकर वृहत् चर्चा का केंद्र बना! अक्सर इतिहासकारों ने इस आंदोलन का जिक्र तो किया है, परंतु, खत्री और उनके द्वारा संकलित कवियों को महत्त्व नहीं दिया है। आश्चर्य की बात तो यह है कि जो इतिहासकार खड़ी बोली हिंदी के पक्षधर थे और गद्य-पद्य की भाषा भी एक ही मानने को महत्त्व देते थे, वे भी खत्री व महेश नारायण को उपेक्षित करते हैं। संभवतः उनकी प्रतिबद्धता इस प्रगतिशील विचारधारा के प्रति न होकर 'भारतेंदु मंडल' के साथ थी। इसीलिए हिंदी साहित्येतिहास लेखक इस मुद्दे पर रहस्यमयी

1. अयोध्या प्रसाद खत्री स्मारक ग्रंथ, पृ. 85

चुप्पी साधे रहते हैं। भारतेंदुयुगीन काव्य और कवियों का जिक्र करते हुए वे मात्र ब्रजभाषा काव्य की ही दबी-ढँकी चर्चा करके चुप्पी लगा जाते हैं।

आचार्य शुक्ल ने 'हिंदी साहित्य का इतिहास' लिखा, जिसे आज भी महत्त्वपूर्ण व प्रासंगिक माना जाता है। खत्री पर लिखते हुए वे अपनी चिरपरिचित व्यंग्यमयी शैली धारण कर लेते हैं– ''मुजफ्फरपुर के बाबू अयोध्या प्रसाद खत्री खड़ी बोली का झंडा लेकर उठे। संवत् 1945 में उन्होंने 'खड़ी बोली आंदोलन' की एक पुस्तक छपाई, जिसमें उन्होंने बड़े जोर-शोर से यह राय जाहिर की कि अब तक जो कविता हुई, वह तो ब्रजभाषा की थी, हिंदी की नहीं। हिंदी में भी कविता हो सकती है। वे भाषा-तत्व के जानकार न थे। उनकी समझ में खड़ी बोली ही हिंदी थी। अपनी पुस्तक में उन्होंने खड़ी बोली पद्य की पाँच स्टाइलें कायम की थीं, जैसे– मौलवी स्टाइल, मुंशी स्टाइल, पंडित स्टाइल और मास्टर इस्टाइल।''[1] इस पूरे उद्धरण से आचार्य शुक्ल की मान्यता स्पष्ट हो जाती है। डॉ. रामनिरंजन परिमलेंदु ठीक लिखते हैं कि ''उन्होंने हिंदी के प्रति खत्री जी की अखंड निष्ठा के प्रति व्यंग्य ही किया है– उनके 'खड़ी बोली आंदोलन' को उचित परिप्रेक्ष्य में देखने-समझने का 'कष्ट' नहीं किया।''[2] खत्री द्वारा प्रतिपादित पाँच स्टाइलों में से चार का उल्लेख करते हुए आचार्य शुक्ल चौथे का गलत नाम देते हैं। यह भ्रमवश या असावधानी के कारण नहीं हुआ है। उनकी मारक व्यंग्य-शक्ति इसमें से झलकती है। 'मास्टर इस्टाइल' लिखकर उन्होंने पूरा उपहास उड़ाया है। खत्री ने 'हिंदी व्याकरण' लिखा, लेकिन आचार्य शुक्ल मानते हैं कि उन्हें भाषा-तत्व का ज्ञान नहीं है। आज कोई भी भाषावैज्ञानिक खड़ी बोली हिंदी को ब्रज, अवधी आदि से निकला हुआ नहीं कहता। ये सभी हिंदी क्षेत्र की स्थानीय बोलियाँ हैं, लेकिन आचार्य शुक्ल की भाषा-नीति इसके विरुद्ध थी। जाहिर है, ऐसी स्थिति में महेश नारायण को स्थान कैसे मिलेगा? लगता है, आचार्य शुक्ल ने 'खड़ी बोली का पद्य' उलट-पुलट कर भी नहीं देखा होगा, वरना महेश नारायण की कविता में उन्हें पसंद आने वाले पर्याप्त 'तत्व' दिखे होते। राष्ट्रप्रेम एवं प्रकृति के सुंदर चित्र तो 'स्वप्न' कविता में मौजूद हैं ही।

मार्च, 1901 ई. की 'नागरी प्रचारिणी पत्रिका' में खड़ी बोली कविता महारानी विक्टोरिया के शासनकाल की एक बड़ी घटना घोषित की गई। तब उसमें श्रीधर पाठक को महत्त्व दिया गया, परंतु खत्री को नहीं। वास्तव में, पाठक खड़ी बोली हिंदी के 'पंडित स्टाइल' के पक्षधर थे, जबकि खत्री 'मुंशी स्टाइल' के, जो हिंदुस्तानी भाषा थी। साथ ही खत्री ने 'एक अगरवाले के मत पर खत्री की समालोचना' लिखी जबकि पाठक ने 'हरिश्चन्द्राष्टक' की 1000 प्रतियाँ बाँटीं। अब

1. आचार्य रामचंद्र शुक्ल, हिंदी साहित्य का इतिहास, पृ. 324
2. डॉ. रामनिरंजन परिमलेंदु, अयोध्या प्रसाद खत्री, पृ. 81

भारतेंदु की मूर्ति से सिंदूर खुरचने वाले को सम्मान देना भला क्या 'नागरी प्रचारिणी सभा' के लिए संभव था? बाद में खड़ी बोली हिंदी ही काव्यभाषा के रूप में प्रतिष्ठित हुई, परंतु इसके लिए लड़ाई लड़ने वालों को इतिहास में गलत ढंग से चित्रित किया गया। जब साहित्यिक प्रतिबद्धता किसी व्यक्ति विशेष से जुड़ जाए तो यही होता है। यहाँ तो आरंभ से ही व्यक्ति के साथ क्षेत्र विशेष का भी प्रभुत्व साहित्य के इतिहास में बना रहा। भारतेंदु के असफल रहने पर भी हिंदी में सफलतापूर्वक यह कार्य होने लगा तो इतिहासकारों ने उनके बाद लिखने वालों को श्रेय दिया। इससे भारतेंदु की महिमा को अक्षुण्ण बनाए रखने का प्रयत्न किया। इसीलिए महेश नारायण– जो कि भारतेंदु के समकालीन थे– का उल्लेख नहीं किया गया। वर्चस्ववादी इतिहास-लेखन का यह बहुत बड़ा उदाहरण है।

'बिहार टाइम्स' में सन् 1903 में एक संपादकीय नोट में महेश नारायण ने 'मुंशी स्टाइल' के कवियों की उपेक्षा पर भी ध्यान दिया था– "हिंदी साहित्य का जो काल-विभाजन किया जा रहा है, उससे एक भ्रांति पैदा हो रही है। बाबू श्यामसुंदर दास ने अपनी विरोधी मनोवृत्ति के कारण 'हिंदी कोविद रत्नमाला' में इन साहित्यकारों को स्थान नहीं दिया।"[1] आगे चलकर जब रामनरेश त्रिपाठी ने 'कविता कौमुदी' की रचना की, तब भी उसमें महेश नारायण समेत अन्य रचनाकारों का उल्लेख नहीं था। खड़ी बोली में कविता करने वाले महेश नारायण की ही नहीं, ब्रजभाषा के प्रसिद्ध कवि गोविन्द अग्रवाल की भी चर्चा नहीं हुई। आरंभ से ही इतिहासमालाओं में बिहार के रचनाकारों की उपेक्षा होती रही है। आचार्य शिवपूजन सहाय ने सन् 1921 में 'चैतन्य चंद्रिका' मासिक में एक समालोचना लिखी, जिसमें लिखा है– "त्रिपाठी जी (अखिल भारतीय) हिंदी साहित्य सम्मेलन के प्रचार मंत्री भी हैं...। किंतु 'कौमुदी' की पहली और दूसरी किरण बिहार के कवियों को अँधेरे (?) में से टटोल निकालने में त्रिपाठी जी को समर्थ नहीं बना सकी है।...'कविता-कौमुदी' के प्रथम भाग में केवल मैथिल कोकिल विद्यापति को ही स्थान मिला है।...। विद्यापति के इस बिहार-प्रांत में दूसरा कवि ही नहीं। हुआ भी हो तो उसकी गणना नहीं की जा सकती।...। 'कौमुदी' के प्रथम भाग में स्थान पाने योग्य क्या एक भी कवि बिहार में नहीं हुआ है? क्या विद्यापति को छोड़कर इस बिहार का मुखोज्ज्वलकारी कवि कोई नहीं?...। द्वितीय भाग ने त्रिपाठी जी को दोषी ठहराये जाने योग्य बना दिया"[2] 'हिंदी कोविद रत्नमाला' व 'कविता-कौमुदी' से लेकर 'हिंदी साहित्य का दूसरा इतिहास' तक बिहार के कवि, विशेषकर भारतेंदुयुगीन कवि, उपेक्षित रहे हैं। महेश नारायण तो मुख्य तौर पर। बीच-बीच में बिहार से 'हिंदी साहित्य और बिहार', 'हिंदी साहित्य को बिहार की

1. उमाशंकर, महेश नारायण : व्यक्तित्व और कृतित्व
2. शिवपूजन सहाय (सं.), शिवपूजन सहाय रचनावली, पृ. 373-375

देन' जैसी पुस्तकें छपती रही हैं, पर ये साहित्येतिहास की दुनिया में कोई खास फर्क नहीं पैदा कर सकीं। इस संदर्भ में डॉ. रामनिरंजन परिमलेंदु का कार्य उल्लेखनीय है जिन्होंने 'भारतेंदु काल के भूले-बिसरे कवि और उनका काव्य' तथा 'भारतेंदु काल का अल्पज्ञात हिंदी गद्य साहित्य' नामक दो पुस्तकें बहुत खोजबीन करके लिखी हैं। इनमें बिहार के बहुत सारे साहित्यकारों के बारे में उल्लेख किया गया है। महेश नारायण का भी जिक्र हुआ है।

इन सबके बावजूद, जो सच है

आजकल दो तरह की आलोचना हो रही है। एक तो बड़ी लकीर को किसी भी तरह छोटी दिखाने वाली और दूसरी, नाखून से जमीन खोदकर कुआँ खोदने का भ्रम-सुख पालने वाली। जिस आदमी ने भाषा की परती जमीन पर अपनी पूरी क्षमता के साथ पहला फावड़ा चलाया, वह इतिहास से बाहर पड़ा हुआ है। हमें हिंदी समाज और साहित्य के इतिहास की समझ को अब दुरुस्त कर लेना चाहिए।

अनेक हैं फूल कि जन्म लिये परती में और कुम्हलाये वहीं हैं।
खिल खिलकर वह सुगंध सुंदर को धीरे-धीरे मिटाये वहीं हैं।

'स्वप्न' की ये पंक्तियाँ महेश नारायण के लिए बिल्कुल सटीक बैठती हैं। भाषा की परती जमीन को तोड़ने वाला यह व्यक्तित्व उसी जमीन में खिलकर मुरझा गया, लेकिन इसकी सुगंध से हिंदी साहित्य-संसार परिचित नहीं हो सका। भाषा की परती यूँ ही नहीं टूटती। उसके लिए अपने समय और समाज की रूढ़िवादी मान्यताओं से टकराना पड़ता है। 'स्वप्न' का रचयिता न सिर्फ टकराता है, बल्कि सुदृढ़ आधार भी देता है। इसके लिए महेश नारायण यदा-कदा साहित्य की एक क्षीण धारा द्वारा याद कर लिए गए। पर आज भी उन्हें अपना प्राप्य नहीं मिला है।

वस्तुत: महेश नारायण खड़ी बोली हिंदी के आरंभिक कवि हैं। श्रीधर पाठक से कुछ पहले के तथा संवेदना एवं शिल्प के स्तर पर उनसे आधुनिक। अत: उन्हें ही हिंदी का पहला आधुनिक कवि मानना चाहिए। साहित्य में व्यक्ति-पूजा के स्थान पर तथ्यात्मक ऐतिहासिकता को जगह मिलनी चाहिए।

19वीं सदी की खड़ी बोली हिंदी की कविता का संघर्ष दोतरफा था। एक तरफ यह नई भाषा को बुनने का संघर्ष था तो दूसरी तरफ ब्रजभाषा से टकराने का। यह दुनिया की किसी भी भाषा में नहीं होता कि गद्य किसी अन्य भाषा में हो और पद्य किसी और भाषा में। यह हिंदी क्षेत्र में ही हुआ। ब्रजभाषा समर्थकों और खड़ी बोली पद्य के प्रचारकों के बीच जो संघर्ष हुआ, वह हिंदी-उर्दू विवाद से कम महत्त्वपूर्ण नहीं है। यह संघर्ष मात्र ब्रजभाषा-खड़ी बोली का नहीं था, बल्कि

यह संघर्ष मध्यकालीनता और आधुनिकता का था। आज हिंदी के लोगों को अनुमान भी नहीं कि खड़ी बोली हिंदी के पक्षधरों ने 'लाखों के बोल' सहे।

नवजागरण युग पर आज हिंदी में खूब चर्चा हो रही है। भारतेंदु एवं भारतेंदु मंडल की भाषा-नीति को प्राय: सांप्रदायिक साबित किया जा रहा है। लेकिन जो 'प्रगतिशील' आलोचक वहाँ सांप्रदायिकता की खोज में लगे हैं, उनका भी ध्यान नहीं जाता कि उस भाषा-नीति से परे भी कुछ हो रहा था तत्कालीन साहित्य-संसार में। सभी इस पर भिड़े हैं कि भारतेंदु में 'यह' कमी थी, 'वह' कमी थी। उन्होंने 'ऐसा' किया, 'वैसा' किया। लेकिन उसी समय किसी और ने भी तो कुछ किया। आखिर उस पर चर्चा क्यों नहीं होती है? 19वीं सदी में खड़ी बोली अपनी शैशवावस्था में भी समाज के व्यापक यथार्थ का चित्रण करने के लिए प्रयत्नशील थी। 19वीं सदी की खड़ी बोली हिंदी कविता उतनी उपेक्षणीय नहीं है, जितना आलोचकगण मान चुके हैं। आज के समय में उस पर बात करने की जरूरत है। साथ ही हिंदी साहित्य के इतिहास में आधुनिक कविता के इतिहास के पुनर्लेखन की भी आवश्यकता है।

प्रेमचंद लिखते हैं– ''अगर हमारी राष्ट्रभाषा सर्वांगपूर्ण नहीं है, और उसमें आप हर एक विषय, हर एक भाव नहीं प्रकट कर सकते तो उसमें यह बड़ा भारी दोष है, और यह हम सभी का कर्तव्य है कि राष्ट्रभाषा को उसी तरह सर्वांगपूर्ण बनावें, जैसी अन्य राष्ट्रों की सम्पन्न भाषाएँ हैं।''[1] 19वीं सदी में खड़ी बोली के कवियों ने अपनी भाषा के एक बड़े दोष को दूर करने का प्रयत्न किया। यह बड़े खेद की बात थी कि खड़ी बोली हिंदी में काव्य-रचना नहीं हो सकी। उन्होंने अपनी संवेदना को खड़ी बोली के द्वारा रूपायित किया। इसके लिए इतिहास में महत्त्वपूर्ण स्थान के अधिकारी हैं। 'हिंदी के हृदय में खड़ी बोली की कविता का हार प्रभात की उज्ज्वल किरणों' के समान चमकने से पहले के धुँधले उजाले को भी महत्त्व देना आवश्यक है। सूर्य निकलने के पहले की लालिमा जिस तरह अनिवार्य और मोहक होती है, वैसी ही है 19वीं सदी की खड़ी बोली हिंदी कविता।

'स्वप्न' 19वीं सदी की खड़ी बोली की कविताओं में सबसे महत्त्वपूर्ण है। आम बोलचाल की भाषा में लिखी गई यह कविता। संवेदना और शिल्प दोनों के स्तर पर हिंदी की पहली आधुनिक कविता है। इसमें पराधीनता की यातना और स्वाधीनता की आकांक्षा का जो चित्रण हुआ है, वह उस समय की अन्य कविताओं में दुर्लभ है। इसका स्वच्छंदतावादी कवि अपने वर्तमान से असंतुष्ट होकर उससे पलायन करता है। वह एक नवीन लोक की रचना करता है जो

---

1. प्रेमचंद, साहित्य का उद्देश्य, पृ. 109

काल्पनिक है। लेकिन महत्त्वपूर्ण यह है कि कवि स्वप्न में जाने के बावजूद काल्पनिक लोक का चित्रण नहीं करता, बल्कि वह स्वाधीनता की यथार्थपरक इच्छा व्यक्त करता है :

क्या है यह अहा हिन्द की जमीन?
होगी तो जरूर यह स्वाधीन

वस्तुतः भाषा, भाव, छंद, संरचना हर दृष्टि से महेश नारायण की कविता 'स्वप्न' हिंदी की पहली आधुनिक कविता का सम्मान पाने की हकदार है।

दुनिया में नाम कमाने को कभी कोई फूल नहीं खिलता है।

– गजानन माधव मुक्तिबोध

पाँचवाँ अध्याय

ऐसे थे बाबू महेश नारायण

कौन महेश नारायण?

लोक की स्मृति बहुत विचित्र होती है। कभी यह पीढ़ी-दर-पीढ़ी सुरक्षित रहती है तो कभी एक पीढ़ी तक भी नहीं चल पाती। किसी समाज, जाति व राष्ट्र के निर्माण में अनेक किस्म के व्यक्तियों का योगदान होता है। ये व्यक्ति समाज के विभिन्न स्तंभों का कार्य करते हैं। सभी स्तंभों का अपना महत्त्व होता है। अपने-अपने स्थान पर ये विशिष्ट होते हैं। अगर सभी मंदिर के कंगूरे का फूल बन जाएँ तो नींव की ईंट कौन बनेगा? सारे भवन का बोझ नींव पर ही टिका रहता है। भले ही नींव पर बेल-बूटे नहीं कढ़े होते हैं...स्वर्णिम धातुएँ नहीं मढ़ी होती हैं...माणिक्य नहीं जड़े होते हैं, लेकिन उसकी मजबूती ही भवन को स्थायित्व प्रदान करती है। लोगों का ध्यान चकाचौंध की तरफ खिंचा रहता है। नींव के पत्थर अदृश्य और विस्मृत रहते हैं।

लोक द्वारा विस्मृत एवं इतिहास द्वारा उपेक्षित एक महत्त्वपूर्ण व्यक्ति का नाम है महेश नारायण। कवि, पत्रकार, संगठनकर्ता, आंदोलनकर्मी आदि महेश नारायण के अनेक रूप थे। अड़तालीस वर्ष की अल्पायु में उन्होंने अनेक महत्त्वपूर्ण कार्य किए। बिहार में 'राजनीतिक, सामाजिक, सांस्कृतिक, साहित्यिक, आर्थिक– सब आंदोलनों के वे अग्रदूत थे।'[1] ऐसे बहुआयामी व्यक्तित्व का इतिहास में उपेक्षित रह जाना आश्चर्य उत्पन्न करता है।

डॉ. सच्चिदानंद सिन्हा ने 1944 ई. में लिखा है कि "The present generation of Biharees are so self-centred that they have practically lost all re-collection of Mahesh Narayan..."[2] यह बात शत-प्रतिशत सही है। 1944 ई. में ही नहीं, आज भी बिहारियों में यह विलक्षण आदत है। उनमें जातीयता की कोई

1. उमाशंकर, महेश नारायण : व्यक्तित्व और कृतित्व, पृ. 22
2. Dr. Sachchidanand Sinha, Some Eminent Bihar Contemporaries, Page. No. 44

विशिष्ट भावना नहीं है, जैसी बंगालियों, मराठियों और यहाँ तक कि हिंदी क्षेत्र के भी कुछ प्रदेशों में पाई जाती है। ऐसा नहीं है कि जातीयता हमेशा सकारात्मक ही होती है और उसका मौजूद होना अच्छी बात है, लेकिन उसके न होने से बहुत सारी संग्रहणीय चीजें छूट जाती हैं। आज यह कहा जा सकता है कि राजनीतिक बदहाली से उपजी स्थितियों ने अलगाव व पलायन की प्रवृत्ति उत्पन्न कर दी है, परंतु यह स्थिति आज की ही नहीं है। महेश नारायण की मृत्यु पर 'बिहार-बंधु', (10 अगस्त, शनिवार, 1907 ई., भाग 36, अंक 31, पृ. 3), ने उन्हें भावभीनी श्रद्धांजलि प्रदान करते हुए कहा था : "(हम) आशा करते हैं कि बिहार निवासी अपने इस देश हितैषी का कोई उत्तम स्मारक चिह्न बनाना न भूलेंगे," लेकिन वह स्मारक चिह्न आज तक नहीं बना और खाने-कमाने की चिंता में रहने वाली सामान्य जनता से लेकर शिक्षित जनता तक उन्हें भूल गई। न सिर्फ शिक्षित जनता, बल्कि इतिहासकारों ने भी उन्हें विस्मृति के गर्त में डाल दिया। वे बिहार राज्य के निर्माताओं में से एक थे, लेकिन आधुनिक भारत पर लिखी इतिहास की किताबों, उनमें भी जिनमें बंगाल विभाजन का विस्तृत ब्यौरा है, में महेश नारायण का जिक्र तक नहीं हुआ है।

ऐसा नहीं है कि महेश नारायण कोई अकिंचन से...यों ही स्थानीय छुटभैये जैसे व्यक्ति थे और इतिहास को नीचे से देखने के इस दौर में मैं अनावश्यक रूप से उनका महत्त्व-विस्तार कर रही हूँ। अपने शोध की महत्ता व दुर्लभता सिद्ध करने के लिए यह अतिरिक्त रूप से महत्त्व-स्थापन का कार्य नहीं है। बिहार-निर्माता माने जाने वाले डॉ. सच्चिदानंद सिन्हा ने उन्हें 'बिहार की नई चेतना का अगुआ' बताया और श्री हसन इमाम ने 'बिहार के जनमत का पिता'। डॉ. सच्चिदानंद सिन्हा ने लिखा है– "It is indisputable that for a quarter of a century his personality loomed large as a distinguished publicist is the public life of Bihar, and there had been scarcely any political movement in the province during last twenty five years of his life, the motive power which had not been supplied by him."[1]

महेश नारायण के जीवन एवं कार्यों पर विस्तृत खोज करने वाले उमाशंकर ने लिखा है कि बिहार राज्य की स्वर्ण जयंती वर्ष मनाने के विचार से जब कुछ लोग (जिनमें वे भी शामिल थे) डॉ. राजेन्द्र प्रसाद से मिले तो राजेन्द्र बाबू ने महेश नारायण को कृतज्ञतापूर्वक याद किया। डॉ. राजेन्द्र प्रसाद का कहना था कि सन् 1880 से 1907 तक की अवधि में कोई भी कार्य ऐसा नहीं हुआ था, जिसमें उनका (महेश नारायण का) हाथ नहीं था।[2] डॉ. सच्चिदानंद सिन्हा एवं राजेन्द्र

1. Dr. Sachchidanand Sinha, Some Eminent Bihar Contemporaries, Page. No. 40
2. उमाशंकर, महेश नारायण : व्यक्तित्व और कृतित्व, पृ. 22

बाबू की बातों में समानता है। इससे यह प्रत्यक्ष जाहिर होता है कि महेश नारायण अपने समय में अत्यंत प्रभावशाली व महत्त्वपूर्ण व्यक्ति थे।

जन्म, पारिवारिक पृष्ठभूमि

महेश नारायण की जन्मतिथि बहुत स्पष्ट नहीं है। यह भ्रामक स्थिति इसलिए है कि दो विद्वानों ने उनका जन्मवर्ष अलग-अलग बताया है। डॉ. सच्चिदानंद सिन्हा ने अपनी पुस्तक 'सम इमिनेंट बिहार कंटेम्पोररीज' (1944 ई.) में उनका जन्म वर्ष 1859 ई. बताया है।[1] उसी में वे कई बार लिखते हैं कि उनकी मृत्यु 'अपेक्षाकृत रूप से पहले अर्थात् 48 वर्ष की उम्र में' हुई। अगर इस तरह से देखें तो मृत्यु की तिथि 1 अगस्त, 1907 ई. से 48 वर्ष घटाने पर 1859 ई. ही प्राप्त होती है। महेश नारायण पर पर्याप्त शोध करने वाले उमाशंकर ने 'कलम शिल्पी' (1961 ई.) में लिखा है– "महेश नारायण का जन्म सिपाही-विद्रोह के दो वर्ष बाद सन् 1859 ई. में हुआ।"[2] हालाँकि अपनी पुस्तक 'महेश नारायण : व्यक्तित्व और कृतित्व' में लिखते हैं कि उनका जन्म सन् 1858 में हुआ।[3] वहाँ पर वे यह स्पष्ट नहीं करते कि पहले उन्होंने जन्म वर्ष 1859 ई. बताया था और क्यों अब 1858 ई. बता रहे हैं। स्पष्टीकरण के अभाव में उमाशंकर द्वारा उल्लिखित दो जन्मवर्ष भ्रम फैलाने का जरिया ही साबित हुए। महेश नारायण पर लिखने वाले अन्य विद्वानों महाकालेश्वर[4] व डॉ. रामनिरंजन परिमलेंदु[5] ने जन्म वर्ष के रूप में 1858 ई. का ही उल्लेख किया है।

ऐसे में समस्या यह है कि महेश नारायण के समकालीन और उनके साथ मिलकर काम कर चुके डॉ. सच्चिदानंद सिन्हा की बात को ज्यादा महत्त्व दिया जाए या फिर उमाशंकर और उनके आधार पर जन्मवर्ष 1858 ई. को बताने वाले अन्य विद्वानों की बात को। अपनी बाद वाली पुस्तक में उमाशंकर महेश नारायण की परवर्ती पीढ़ियों, विशेषकर उनके पौत्र और पौत्र-वधू का जिक्र करते हैं। यह भी संभव है कि महेश नारायण के परिवार वालों से उन्हें सही जन्म वर्ष मिला हो। खैर, आज महेश नारायण और 'स्वप्न' को जानने वाले लोग उनका जन्म वर्ष 1858 ई. ही मानते हैं। इससे कुछ ज्यादा फर्क नहीं पड़ता, क्योंकि अंतराल मात्र एक वर्ष का है, तब भी हिंदी में इतिहास के प्रति जो अराजक दृष्टि है, वह उजागर तो हो ही जाती है। हिंदी में साहित्यकारों की जन्मतिथि से लेकर पुस्तकों की प्रकाशन

1. Dr. Sachchidanand Sinha, Some Eminent Bihar Contemporaries, Page. No. 44
2. उमाशंकर, कलम शिल्पी, पृ. 22
3. उमाशंकर, महेश नारायण : व्यक्तित्व और कृतित्व, पृ. 18
4. महाकालेश्वर (सं.), महेश नारायण कृत : 'स्वप्न', पृ. 22 'अ'
5. डॉ. रामनिरंजन परिमलेंदु, भारतेंदुकाल के भूले-बिसरे कवि और उनका काव्य, पृ. 232

तिथि तक के बारे में इतिहास की किताबों में भी कोई गहरी चेतना नहीं मिलती है। यह इसका एक छोटा-सा उदाहरण है।

संथाल परगना के राजमहल अनुमंडल के अंतर्गत 'तीन-पहाड़' रेलवे स्टेशन से दो मील की दूरी पर बभनगामा नाम का गाँव है। इसी गाँव के एक संभ्रात (कायस्थ) परिवार में महेश नारायण का जन्म हुआ। उनके पिता का नाम श्री भगवतीचरण था। तीन भाइयों में महेश नारायण सबसे छोटे थे। भगवतीचरण संस्कृत और फारसी के ज्ञाता थे। वे बहुत ही सुलझे हुए व्यक्ति थे और बच्चों को उच्चस्तरीय शिक्षा दिलवाना चाहते थे। बहुत हद तक उनकी इच्छा फलीभूत भी हुई। महेश नारायण के सबसे बड़े भाई श्री गोविन्दचरण बिहार के सबसे पहले एम.ए. डिग्रीधारक थे। उमाशंकर का कहना है कि "वे बिहार के पहले जननायक थे। उनके ही नेतृत्व में भारत में प्रथम राष्ट्रभाषा आंदोलन आरंभ हुआ था। वे बिहार नेशनल कॉलेज के संस्थापक प्रधानमंत्री थे।[1] महेश नारायण के दूसरे भाई श्री हरिहरचरण भी बी.ए. पास थे।

महेश नारायण अपने भाइयों के समान ही मेधावी, प्रतिभावान एवं कुशाग्र बुद्धि थे। पहले उनकी शिक्षा राजमहल में ही आरंभ हुई, तत्पश्चात् भागलपुर गए। भागलपुर में पढ़ाई की व्यवस्था ठीक नहीं चल रही थी। यह देख गोविन्दचरण उन्हें पटना ले आए। पटना कॉलेजिएट स्कूल में उनका दाखिला हो गया। उमाशंकर ने लिखा है कि जब वे आठवीं कक्षा में पढ़ते थे तब अंग्रेजी में एक निबंध लिखा था। पटना कॉलेज के अंग्रेज प्रिंसिपल की नजर उस पर पड़ी और उसे सहसा विश्वास नहीं हुआ कि एक भारतीय ऐसी अंग्रेजी लिख सकता है। यह तो और भी विस्मयकारी था कि वह भारतीय मात्र आठवीं कक्षा का विद्यार्थी था।

इंट्रेंस की परीक्षा पास करने के बाद ऊँची शिक्षा प्राप्त करने के उद्देश्य से वे कलकत्ता गए। बिहार उन दिनों बंगाल का ही अंग था। बिहार नामक कोई अलग राज्य नहीं निर्मित हुआ था। बिहार के लोगों के साथ प्रशासन से लेकर सामान्य व्यवहार तक में भेदभाव बरता जाता था। कलकता पढ़ने जाने वाले बिहारी विद्यार्थियों के साथ वहाँ दुर्व्यवहार होता था। साथ पढ़ने वाले बंगाली विद्यार्थी अक्सर बिहार की संस्कृति, आचरण एवं रहन-सहन पर छींटाकशी किया करते थे। आज के परिप्रेक्ष्य में अगर हम इसे देखें तो बाहर रहकर अध्ययन आदि करने वाले बिहारियों का अपना अनुभव भी यही होगा। कलकत्ता अब केंद्र नहीं रह गया है, लेकिन दिल्ली, मुम्बई आदि महानगरों में अभी भी यही स्थिति है। तमिल, मलयाली, मराठी, राजस्थानी, आदि शब्द किसी व्यक्ति की क्षेत्रीय पहचान व्यक्त करते हैं, लेकिन 'बिहारी' एक गाली है। दिल्ली के कॉलेजों में बिहार से आए 'भैया व बहन जी टाइप' लोगों को अक्सर अपमानित करके मज़ा लिया जाता है। बिहारियों की

1. उमाशंकर, महेश नारायण : व्यक्तित्व और कृतित्व, पृ. 19

वेश-भूषा, रहन-सहन व बातचीत के तरीके, खासकर उच्चारण की विशेषता को अपमान का भागी बनना पड़ता है। बिहारी विद्यार्थियों को अक्सर कई स्थानों पर प्रतियोगी परीक्षाओं में भाग लेने के कारण मारा-पीटा जाता है। यही नहीं, बिहारी मजदूरों को– गरीब, अति गरीब मजदूरों को– उत्तर-पूर्व में मौत के घाट उतारा जा चुका है। आजाद भारत में ये स्थितियाँ देखकर सहज ही यह विश्वास होता है कि उस समय क्या होता होगा। तेजस्वी महेश नारायण के लिए अपमान के घूँट पीना आसान नहीं था। इसलिए उन्होंने बीच ही में पढ़ाई छोड़कर बिहार के लिए लड़ाई शुरू कर दी।

राजनीतिक-सामाजिक सक्रियता

अपमानित होने की वजह से बी.ए. की पढ़ाई बीच में ही छोड़ देना अतिशयोक्ति नहीं है। उस समय अनेक व्यक्तियों के साथ ऐसी घटनाएँ घटीं। उन्होंने भले ही पढ़ाई नहीं छोड़ी, परंतु उस अपमान-बोध ने उन्हें कुछ कर डालने की ओर प्रेरित जरूर किया। डॉ. सच्चिदानंद सिन्हा जब 1889 में इंग्लैंड में बार-एट-लॉ की पढ़ाई करने के लिए गए तब किसी के पूछने पर वहाँ अपना परिचय बिहारी के रूप में दिया, इसके बाद स्थिति बहुत अपमानजनक और हास्यास्पद बन गई; क्योंकि बिहार भारत के मानचित्र में कहीं नहीं था। इस हास्यास्पद स्थिति से गुजरने के बाद डॉ. सिन्हा ने निश्चय किया कि वे बिहार की पहचान और एक अलग प्रांत के रूप में उसके अस्तित्व के लिए संघर्ष करेंगे। 1893 ई. में लौटने पर महेश नारायण के साथ मिलकर उन्होंने इस दिशा में काम करना शुरू किया। 1906 ई. में कलकत्ता में अपने हितों की रक्षा के लिए डॉ. राजेन्द्र प्रसाद को 'बिहार छात्र-संघ' की स्थापना करने की आवश्यकता पड़ी।

महेश नारायण का मानना था कि अपमानजनक स्थितियों से बचने के लिए और बिहार की वास्तविक प्रगति के लिए एक अलग प्रांत बनना जरूरी है। अलग प्रांत के लिए जनचेतना व आंदोलन की आवश्यकता थी। जनता को राजनीतिक चेतना से सम्पन्न और बिहार के लिए अलग आंदोलन करने के लिए उन्होंने पत्रकारिता का माध्यम चुना। वे बिहार में अंग्रेजी पत्रकारिता के संस्थापकों में एक थे। डॉ. रामनिरंजन परिमलेंदु ने लिखा है कि "अंग्रेजी पत्र 'कायस्थ गजट' के अतिरिक्त वे जनवरी, 1894 से जुलाई, 1907 तक अंग्रेजी साप्ताहिक पत्र 'बिहार टाइम्स' के प्रथम संस्थापक-प्रधान संपादक थे। इसका प्रकाशन पटना से किया जाता था। जुलाई 1907 में ही इसका नाम परिवर्तन 'बिहारी' कर दिया गया।"[1]

1. समकालीन भारतीय साहित्य, जुलाई-अगस्त, 1999, पृ. 12

'बिहार टाइम्स' का नारा था– 'बिहार बिहारियों का है' ('Bihar for the Biharees')। 'बिहार टाइम्स' ने बिहारियों में चेतना जगाने का जो कार्य किया उसे देखकर सर अली इमाम ने यह घोषणा की– 'If in Bihar the sacred fire of pariotism had been kindled the man who did it was certainly Mahesh Narayan.'[1] वहीं उनके भाई हसन इमाम ने महेश नारायण को "The father of public opinion in Bihar."[2] बताया।

बिहार राज्य अपने जन्म के लिए 'बिहार-टाइम्स' जैसे पत्र का ऋणी है। इस पत्र का प्रकाशन ही बिहार को अलग राज्य बनाने की माँग को जोर-शोर से उठाने के लिए शुरू हुआ। बिहार, असम, उड़ीसा और बंगाल को मिलाकर बंगाल प्रेसीडेंसी प्रांत बना था, जिसका शासन एक छोटे लाट द्वारा होता था। बंगाल से अलग होने के लिए असम, उड़ीसा और बिहार ने संघर्ष किया। प्रशासनिक सुविधाओं के लिए और इनके विकास के लिए भी यह आवश्यक था। डॉ. सुमित सरकार ने लिखा है कि– ''बंगाल प्रेसीडेंसी का विशाल आकार अनेक प्रशासकों के लिए चिंता का कारण रहा था। अत: 1860 ई; से ही समय-समय पर इसे छोटा करने के छिटपुट सुझाव दिए जाते रहे थे, 1874 ई. में असम और सिलहट को अलग किया गया।''[3] बिहार ने बंगाल से अलग होने की लंबी लड़ाई लड़ी।

उमाशंकर ने लिखा है कि 1894 ई. में बंगाल प्रेसीडेंसी के छोटे लाट गया आए। उस समय लाट चार्ल्स इलियट थे। महेश नारायण और उनके साथियों ने सलाह-मशविरा करके गवर्नर को एक मानपत्र दिया, जिसमें यह कहा गया कि बंगाल के साथ संलग्न रहने से बिहार का विकास नहीं हो रहा है। बिहार व बिहारियों के हित की उपेक्षा हो रही है। बंगाल से अलग होने पर बिहार को अपना विकास करने का अवसर मिलेगा। चार्ल्स इलियट ने इन बातों पर सहानुभूतिपूर्वक विचार करने का आश्वासन दिया। महेश नारायण ने इस घटना को ऐतिहासिक महत्ता देते हुए 'बिहार टाइम्स' में इस पर नोट लिखा। उन्होंने लिखा कि ''हम लोगों ने सरकार के सामने बिहार को स्वतंत्र प्रांत के रूप में स्वीकार करने का प्रश्न रखा और छोटे लाट के हृदय में भी हम लोगों की बातों को स्थान मिला है।...बिहार प्रांत का निर्माण दूर की घटना मालूम पड़ती है, पर यह टाली नहीं जा सकती। यह होकर रहेगा।''[4] इससे बिहार के पृथक्करण के लिए उनके आग्रहों और दूरदृष्टि का पता चलता है। वे अलग बिहार राज्य के स्वप्नद्रष्टा थे।

1. Dr. Sachchidanand Sinha, Some Eminent Bihar Contemporaries, Page no. 44
2. वही, पृ. 43
3. सुमित सरकार, आधुनिक भारत, पृ. 124
4. उमाशंकर, महेश नारायण : व्यक्तित्व और कृतित्व, पृ. 34

1896-97 में असम के चीफ कमिश्नर विलियम वार्ड ने चटगाँव डिविजन, ढाका और मैमनसिंह को अपने प्रांत में सम्मिलित करने का प्रस्ताव किया था। ऐसे प्रस्ताव के प्रकाशित होते ही महेश नारायण ने 'बिहार टाइम्स' में लिखा– ''छोटे लाट चाहते हैं कि उनका बोझ कुछ हल्का हो। इस उद्देश्य से सरकार बंगाल से चटगाँव प्रमण्डल को अलग कर असम में मिलाना चाहती है।...हम लोगों का कहना है कि चटगाँव बांग्ला-भाषी क्षेत्र है, पूर्व में कछार और सिलहट दो अन्य बांग्ला-भाषी क्षेत्रों को असम में मिलाया गया है। इसमें कोई औचित्य नहीं है। व्यावहारिक रूप से बंगाल को बाँट दिया जाए। बिहार को बंगाल से अलग कर दिया जाए। बांग्ला भाषा-भाषी लोग, जो अपने लोगों से अलग हो रहे थे, अपने लोगों के साथ रहेंगे और असम जो प्रशासन का छोटा-सा अंचल बना है, उसकी कठिनाइयों का समाधान हो जाएगा।''[1] लेकिन उपनिवेशवादी सरकार लोगों की जायज माँगों को क्यों स्वीकारती भला? 1896 में छोटे लाट सर अलेक्जेण्डर मैकेल्जी ने इस माँग पर व्यंग्य किया। उन्होंने इसे समाचार-पत्री आंदोलन कहकर मजाक उड़ाया। इससे भी यह जाहिर होता है कि महेश नारायण और उनके 'बिहार टाइम्स' ने कितने जोरदार ढंग से बिहार के पृथक्करण की माँग उठाई थी। डॉ. सच्चिदानंद सिन्हा लिखते हैं– "Mahesh narayan stuck fast to it with singular tenacity and worked for it all his life."[2]

वह अपने उद्देश्य के साथ गहरे रूप से जुड़े थे। लगन से अपने एकमात्र उद्देश्य को लेकर चल रहे थे। इसी क्रम में अपने समय के सर्वाधिक प्रभुता-सम्पन्न लोगों में शामिल हुए अत: उनकी आवाज जनता की आवाज बन गई। 'बिहार टाइम्स' केवल समाचार-पत्र मात्र नहीं रहा, बल्कि बिहार की जनता के हृदय का प्रतिबिंब था। इसलिए ही उस समय के लोकप्रिय पत्र 'पॉयनियर' ने भी लिखा कि– 'बिहार सदैव के लिए बिहारियों का है और बंगाल बंगालियों का। बंगाल से उनका किसी भी प्रकार मेल नहीं है। आचार-विचार, आहार-विहार, व्यवहार-नैतिकता– सभी बिहारियों के बंगालियों से अलग हैं।'[3]

जैसा कि पहले कहा गया, ब्रिटेन की साम्राज्यवादी शासन-प्रणाली भारतीयों के हित में कैसे कार्य करती? उन्हें बंगाल का विभाजन करना था, लेकिन उस तरीके से जिससे यहाँ फूट पड़े और उनका शासन और मजबूत हो। 3 दिसंबर, 1903 ई. में गृह-सचिव रिजले ने चटगाँव डिविजन, ढाका और मैमनसिंह को असम को हस्तांतरित करने की घोषणा की। दिसंबर, 1903 ई. और 19 जुलाई, 1905 ई. की औपचारिक घोषणा के बीच एक स्थानांतरण योजना को फ्रेजर, रिजले और

1. उमाशंकर, महेश नारायण : व्यक्तित्व और कृतित्व, पृ. 33-34
2. Dr. Sachchidanand Sinha, Some Eminent Bihar Contemporaries, Page 47
3. उमाशंकर, महेश नारायण : व्यक्तित्व और कृतित्व, पृ. 36

कर्ज़न ने पूर्ण विभाजन में बदल दिया। इसमें अंततः 'पूर्वी बंगाल और असम' के प्रांत में असम के अतिरिक्त चटगाँव, ढाका और राजशाही डिविजन, हिल टिपरा और माल्दा भी सम्मिलित कर दिए गए। लोगों के भारी विरोध के बावजूद 16 अक्तूबर, 1905 ई. से यह विभाजन लागू हो गया।

सार्वजनिक रूप से सरकार इसमें राजनीतिक चाल की बात अस्वीकार करती रही, किंतु गुप्त सरकारी विवरणों, टिप्पणियों एवं निजी पत्रों से कई रहस्यों का पर्दाफाश होता है। भारत सरकार के तत्कालीन गृह सचिव रिजले का कहना था : "अविभाजित बंगाल एक बड़ी ताकत है। विभाजित होने से वह कमजोर हो जाएगा।...। हमारा मुख्य उद्देश्य बंगाल का बँटवारा करना है, जिससे हमारे दुश्मन बँट जाएँ, कमजोर पड़ जाएँ।"[1] ढाका में विभाजन के पक्ष में मुसलमानों को रिझाने के लिए लार्ड कर्ज़न का भाषण साम्राज्यवादी साजिशों का भंडा फोड़ता है। उन्होंने कहा : "बंगाल विभाजन से ढाका, बहुसंख्यक मुस्लिम आबादी वाले नए प्रांत की राजधानी बन जाएगा (एक करोड़ 80 लाख मुसलमान और एक करोड़ 20 लाख हिंदू)। इससे पूर्वी बंगाल में मुसलमानों में एकता स्थापित होगी। मुसलमानों को बेहतर सुविधाएँ मिल सकेंगी और पूर्वी जिले कलकत्ता की राजशाही से मुक्त भी हो जाएँगे।"[2] इससे यह स्पष्ट होता है कि बंगाल विभाजन के पीछे अंग्रेजों की सांप्रदायिक भेदभाव उत्पन्न करने एवं भारतीयों की एकता को तोड़ने की नीति थी। पूरे विश्व में भाषायी एकता के आधार पर राज्यों का परिसीमन वैज्ञानिक माना जाता है लेकिन अंग्रेजों ने धर्म के आधार पर विभाजन करके अपने शासन को सुदृढ़ बनाया, वहीं बिहार की माँग को कुचल दिया। बंगाल बौद्धिक राज्य था एवं स्वाधीनता के लिए अनेक प्रयत्न वहाँ शुरू किए गए थे। इस तरह के विभाजन के द्वारा उन प्रयासों पर कुठाराघात किया गया।

पटना में बंग-भंग का विरोध करने के लिए 31 जनवरी, 1905 ई. को एक सभा हुई। उस सभा में महेश नारायण ने पुनः दुहराया कि बांग्ला भाषा-भाषियों को विभाजित न किया जाए और बिहार को बंगाल से अलग किया जाए। डॉ. सच्चिदानंद सिन्हा भी लिखते हैं– "This Mahesh Narayan and I believed to be the trust doctrine of Indian political philosophy, and we urged upon the Hindus and Mussalmans in Bihar to feel as member of common nationality as 'Biharee.' "[3] उन्होंने महेश नारायण को दोनों सम्प्रदायों में संप्रेषणीय बताया। उनका मानना था कि महेश नारायण विभिन्न पत्रों के द्वारा दोनों समुदायों में पैठ रखते हुए 'पृथक् बिहार' की चेतना उत्पन्न कर रहे हैं। पृथक् बिहार की माँग

1. बिपन चंद्र, भारत का स्वतंत्रता संघर्ष, पृ. 85
2. वही, पृ. 85
3. Dr. Sachchidanand Sinha, Some Eminent Bihar Contemporaries, P. 47

जायज थी और यह साम्राज्यवादियों के हितों के विरुद्ध थी। बिहारवासियों ने एक भाषायी, जातीय समुदाय को बाँटने का विरोध किया पर बंगाल ने बिहारियों की जायज माँग का समर्थन नहीं किया।

बिहार विभाजन के कई दशकों बाद और स्वतंत्रता-प्राप्ति के बाद के वर्षों में अपने को महान उदारवादी और प्रगतिशील विचारक दिखाने के क्रम में कोई महेश नारायण को क्षेत्रीयतावादी कह सकता है, लेकिन तत्कालीन परिस्थितियों में वह माँग क्षेत्रीयतावादी न होकर उपनिवेशवाद के विरुद्ध थी। असम, उड़ीसा, बिहार– सबने बंगाल से अलग होने का संघर्ष किया। यह संघर्ष अंग्रेजों की कूटनीति से भी था। 1974 ई. में डॉ. शिवमंगल सिद्धांतकर लिखते हैं कि– "इन्होंने अपने को साहित्य के बजाय पत्रकारिता से आक्रांत कर लिया था, यह दूसरी बात है कि भारत को अंग्रेजों से मुक्ति दिलाने का उतना प्रयास नहीं किया। संभवत: यही कारण है कि इनकी मुक्त छंद : स्फूर्त कविताओं का प्रकाशन बिहार में ही हुआ और क्षेत्रीयता के कारण ये राष्ट्रीय स्तर तक काव्य में भी नहीं जा सके होंगे।"[1] 'साहित्य के बजाय पत्रकारिता से आक्रांत कर लिया' –का तात्पर्य क्या है? क्या पत्रकारिता के द्वारा अपने देशवासियों में चेतना प्रसारित करने का प्रयत्न गलत है? पत्रकारिता से आक्रांत होकर भी महेश नारायण 'बिहार के जनमत के पिता' थे और कई लोग साहित्य में आमूल-चूल डूब कर भी न कोई क्रांतिकारिता कर पाते हैं, न पड़ोसी को भी अपनी बात समझा पाते हैं। रही बात बिहार के पृथक्करण पर जोर देने और अंग्रेजों से मुक्ति के प्रयास न करने के आरोप की; तो उसका जवाब डॉ. सच्चिदानंद सिन्हा के इस कथन से मिल जाता है– "Our common ideal was thus based on the lines of American patriotism- first the state and secondly the Republic or of that fund in the other federal States of America or Europe. ... All we cam hope under existing condition is to form different nationalities and territorial considerations, ... Readers of Bryce's American commonwealth are no doubt aware that there exists in the United States a strong state patriotism which subsists side by side with federal patriotism. This was precisely our ideal, but it was unfortunately not at all appreciated in Bengal. ... I have never felt that there was any conflict between the two ideas of 'Bihar for the Biharees', and of a free India. On the contrary, I have always felt that the latter pre supposed the former, since the only type of nationality which could be evolved in so extensive and diversified a region as India would be that known as federal."[2]

---

1. शिवमंगल सिद्धांतकर, निराला और मुक्त छंद, पृ. 58
2. Dr. Sachchidanand Sinha, Some Eminent Bihar Contemporaries, Page. No. 47

जो पृथक् राज्य की माँग कर रहे थे, उन्हें अपने ऊपर लगने वाले आरोपों के बारे में अनुमान था और तत्कालीन आरोपों को उन्होंने झेला भी था। डॉ. सच्चिदानंद सिन्हा लिखते हैं– "This ideal (separation of Bihar) was regarded by some as Antinational"...[1] उन्होंने कहा कि डॉ. राजेन्द्र प्रसाद से ज्यादा विश्वासी व निष्ठावान भारतीय राष्ट्रीयतावादी, देशभक्त शायद ही कोई हो, वे भी बिहार के विकास के लिए इसके अलगाव को आवश्यक मानते थे। इसलिए कांग्रेस ने भी इसका समर्थन किया। अब सिद्धांतकर के लिए इन बातों का कोई अर्थ न हो और महेश नारायण में देशभक्ति के ज़ज्बे की जगह क्षेत्रवाद दिखे तो क्या कहा जाए! आचार्य रामचंद्र शुक्ल लिखते हैं कि– ''जो हृदय संसार की जातियों के बीच अपनी जाति की स्वतंत्र सत्ता का अनुभव नहीं कर सकता, वह देशप्रेम का दावा नहीं कर सकता।''[2] अगर महेश नारायण ने 'बिहारी' जाति की स्वतंत्र पहचान के लिए प्रारंभिक कदम के तौर पर अलग राज्य की आवाज उठाई तो उसे देशप्रेम ही समझना चाहिए। मुक्ति के लिए पहला कदम उठाना सबसे जरूरी होता है, नहीं तो मंजिल नहीं मिलती। 'लोभ और प्रीति' में आचार्य शुक्ल ने लिखा है– ''घर का प्रेम पुर या ग्राम का प्रेम, देश का प्रेम इसी पवित्र लोभ के क्रमश: विस्तृत रूप हैं। मनुष्य के प्रयत्नों की पहुँच बहुत परिमित होती है। अत: जो प्रेम-क्षेत्र जितना ही निकटस्थ होगा उसमें उतने ही अधिक प्रयत्नों की आवश्यकता होती है और जो जितना ही दूर होगा, प्रयत्नों का उतना ही कम अंश उसके लिए आवश्यक होगा।''[3] इसी के आधार पर कहा जा सकता है कि बिहार की हित-चिंता महेश नारायण के सबसे करीब थी, जिसके लिए प्रयत्नों का सर्वाधिक अंश उन्होंने लगाया। वे तन-मन-धन से उसी में लगे रहे। उसी के माध्यम से देश की मुक्ति के प्रसंगों में भी सहयोग करते रहे। पद व धन के लोभी वे कभी भी नहीं थे। अपना सब कुछ उन्होंने बिहार की स्वाधीन और महत्त्वपूर्ण...मानपूर्ण पहचान बनाने में समर्पित कर दिया।

बंगाल के अलग होने का संघर्ष सिर्फ बिहार ने ही नहीं किया, असम और उड़ीसा ने भी यह संघर्ष किया। फकीर मोहन सेनापति ने उड़ीसा के पृथक्करण और उड़िया भाषा के लिए चले संघर्ष का नेतृत्व किया। उन्होंने बंगला से उड़िया के स्वतंत्र अस्तित्व को साबित करने के लिए बोलचाल की उड़िया में 'छमाठ आठ गुंठ' नामक उपन्यास लिखा। मैनेजर पाण्डेय ने लिखा है– ''अपनी भाषा और जातीय अस्मिता की रक्षा के लिए संघर्ष में उपन्यास का अमोघ अस्त्र के रूप में प्रयोग के उदाहरण बहुत नहीं मिलते। ऐसा ही एक दुर्लभ उदाहरण है फकीर

1. Dr. Sachchidanand Sinha, Some Eminent Bihar Contemporaries, Page. No. 42
2. आचार्य रामचंद्र शुक्ल, चिंतामणि, भाग-2, पृ. 40
3. वही, भाग-1, पृ. 64

मोहन सेनापति का उपन्यास 'छमाठ आठ गुंठ' जिसने उड़िया भाषा के अस्तित्व की रक्षा का काम किया।"[1]

सबसे मज़ेदार तो सिद्धांतकर की तीसरी बात है कि संभवत: यही कारण है कि 'इनकी (महेश नारायण की) मुक्त छंद : स्फूर्त कविताओं का प्रकाशन बिहार में ही हुआ और क्षेत्रीयता के कारण ये राष्ट्रीय स्तर तक के काव्य में भी नहीं जा सके होंगे।' इस पर यही कहा जा सकता है कि अनुमान की राजनीति बंद कर देनी चाहिए। महेश नारायण ने स्वेच्छा से अपने-आप को एक लक्ष्य पर केंद्रित कर दिया। साहित्य-सृजन की जगह उन्होंने पत्रकारिता और आंदोलन को ज्यादा महत्ता दी। इसलिए बाद के काव्य-परिदृश्य से ओझल हो गए। उन्होंने जो कुछ किया, वह उनका निर्णय था! उससे उनकी कविता का और साहित्य में उनकी ऐतिहासिक भूमिका का मूल्य कतई कम नहीं होता। राष्ट्रीय स्तर पर महत्त्व क्यों नहीं मिला, इस पर मैं उनके कवि-पक्ष पर लिखते हुए विस्तार में जाऊँगी। लेकिन क्या महेश नारायण बिहार पृथक्करण में नहीं शामिल होते तो इनकी 'मुक्त छंद : स्फूर्त कविताओं का प्रकाशन' बंगाल से होता? और बंगाल से प्रकाशित होने पर क्या होता? हिंदी का आंदोलन क्या बंगाल में चल रहा था? और अगर बिहार के बदले उत्तर प्रदेश (पश्चिमोत्तर प्रांत) से प्रकाशित हो जाती कविता तब क्या हासिल होता?

खैर, बंगाल का सांप्रदायिक विभाजन हो गया एवं सरकार ने बिहारियों की माँगों को ठुकरा दिया, लेकिन आरंभ के दस वर्षों का परिश्रम व्यर्थ नहीं गया। बिहार में जागृति आई। चारों ओर से आवाज उठने लगी। बंगाल विभाजन के दौर में बिहार पृथक्करण आंदोलन के तीव्र होने से बिहारियों में जोश भर गया। महेश नारायण ने इन्हीं दिनों एक अपील बिहारवासियों के लिए निकाली : 'जागो, उठो या हमेशा के लिए सो जाओ'। इस अपील में उन्होंने विश्व की अनेक घटनाओं का उदाहरण देकर यह आह्वान किया कि बिहार के लोग एक प्रकार के आचार-विचार, सभ्यता और संस्कृति के आधार पर अलग राज्य की माँग करें। बिहार के गौरवपूर्ण अतीत का स्मरण करते हुए तत्कालीन स्थिति पर लज्जा दिखाई। उन्होंने लिखा कि– "जो सरकार हम पर शासन करती है, वह बंगाल-बिहार की सरकार न कहलाकर बंगाल की सरकार कहलाती है। अगर बिहारियों में जरा भी आत्मसम्मान रह गया है तो ऐसी स्थिति में उन्हें शर्म होनी चाहिए। उन्हें चाहिए कि बिहार के नाम की जो उपेक्षा हो रही है, बिहार को अंधकार में रखने का जो प्रयास चल रहा है, उसका विरोध कर उसके प्रति असंतोष फैलाएँ। आज बिहारियों में राष्ट्रीयता या राजनीति की भावना जागृत हुई है, तो ऐसा अवसर हाथ

1. मैनेजर पाण्डेय, साहित्य के समाजशास्त्र की भूमिका, पृ. 288

से नहीं जाने देना चाहिए। ऐसा अवसर दूसरी बार लोगों को नहीं मिल सकता है। अब या कभी नहीं, यह हमारा नारा है।''[1]

बंगाल से शासित होने से बिहार में शिक्षा से लेकर प्रशासन तक सबकी उपेक्षा थी। सन् 1905 ई. तक एक भी बिहारी इंजीनियर नहीं हुआ था। मात्र पाँच ही बिहारी डॉक्टर हुए थे। बिहार में इंजीनियरिंग और मेडिकल शिक्षा का तो नामो-निशान नहीं था। साथ ही, उच्च शिक्षा का स्तर भी अच्छा नहीं था। अलग प्रांत बनने से इन सबका विकास होता। पिछड़ेपन से विकास की ओर अग्रसर करने के लिए ही महेश नारायण बिहार के पृथक्करण की माँग करते थे। उनका अपना कोई स्वार्थ नहीं था। वे अपने राज्य का स्वार्थ देख रहे थे। डॉ. सच्चिदानंद सिन्हा द्वारा लिखित और जनवरी, 1906 ई. में प्रकाशित इस आंदोलन की सिद्धांत पुस्तक–'द पार्टीशन ऑफ बंगाल ऑर द सेपरेशन ऑफ बिहार' की भूमिका उन्होंने लिखी।

महेश नारायण के 'बिहार टाइम्स' के प्रकाशन काल को डॉ. सच्चिदानंद सिन्हा बिहार में पुनर्जागरण काल का प्रारंभ मानते हैं। गांधी-पूर्व भारत के राजनीतिक व सामाजिक जीवन में वे महत्त्वपूर्ण व्यक्ति थे। अल्पायु में मृत्यु (1 अगस्त, 1907) के समय तक वे बिहार को एक अलग प्रांत के रूप में नहीं देख सके। लेकिन उनके जलाए जागृति दीप ने इसे संभव बनाया। 12 दिसंबर, 1911 ई. को जार्ज पंचम ने दिल्ली दरबार में बिहार को एक अलग राज्य के रूप में मंजूरी दी और 1 अप्रैल, 1912 ई. से बिहार, उड़ीसा समेत पृथक् प्रांत हुआ। महेश नारायण के चलाए आंदोलन ने अपनी परिणति पा ली और लोग धीरे-धीरे उन्हें विस्मृत करते गए। विस्मृत होने लायक विशेषताएँ भी उनमें खासी थीं। अपनी आदतों में वे एकदम आडंबरहीन और अपनी साधना में एकांतवासी थे। अपने कर्तव्य में रत महेश नारायण आत्म प्रकाशन के आधुनिक महा-आडंबर से कोसों दूर रहते थे। मृत्यु के वक्त अपना ऐसा उत्तराधिकारी भी नहीं छोड़ा जो उनका गुणगान कर सके। मृत्यु के वक्त घर में उनकी पत्नी को छोड़ दो विधवा भाभियाँ थीं और चार छोटे-छोटे बच्चे थे। 'बिहार के जनमत के पिता' को जनता ने धीरे-धीरे भुला दिया।

---

1. उमाशंकर, महेश नारायण : व्यक्तित्व और कृतित्व, पृ. 40

महेश नारायण का यह चित्र सिन्हा लाइब्रेरी (पटना) से
'ज्योत्स्ना' पत्रिका की एक फाइल से प्राप्त

स्वप्न

प्रामाणिक एवं शुद्धतर पाठ

1

थी अँधेरी रात, और सुनसान[1] था,
और फैला[2] दूर तक मैदान था;

जंगल भी वहाँ था,
जानवर का गुमां था,

बादल था गरजता,
बिजली थी चमकती,

वो बिजली[3] की चमक से रोशनी[4] होती भयंकर-सी।

ईश्वर के जमाल का नमूना
ईश्वर, कि है कमाल का खजाना...।[5]

दरख्तों[6] पर जो बिजली चमक पड़ती, अँधेरे में,

डालों के तले,
पतों में भी होकर,

तो यह मालूम होता जैसे हो वह सख्त घेरे में।

2

पहाड़ी ऊँची एक दक्षिण दिशा में
खड़ी थी सर उठाये आस्मां में;

बिहार-बंधु पाठ : 1. सुन्सान, 2. लकोदक, 3. बिज्ली, 4. रौशनी
खत्री पाठ : 1. सुन्सान, 5. ईश्वर के जमाल का नमूना वां था / ईश्वर के कमाल का ख़जाना वां था, 6. देरख्तों

बलागत से हिमाकत में खड़ी थी,
दरख्तों के गले में एक लड़ी थी।[1]

नहीं वक्त का डर, नहीं खौफ अजल, वह पहाड़ी खड़ी की खड़ी ही रहेगी,
हजारों मरे हैं, हजारों मरेंगे, पहाड़ी अड़ी की अड़ी ही रहेगी।

इसलिए मौत का नहीं कोई डर,
बैठ जाता है उन मनुष्यों पर

जाके पर्वत सी हर वी पहाड़ ही धाई बने हैं।

3

और एक झरना बहुत शफ़्फ़ाफ़ था
बर्फ के मानिन्द पानी साफ था,–

कुछ नशीली चाल से गिरता था वह,
जंगलों में घूमता फिरता था वह,
थी अजब घबराहट उसकी चाल में–
था फँसा पानी बड़े जंजाल में।

पानी कि समुद्र का है कला,
झरना कि समुद्र का है टुकड़ा।
हर संग में चमक है उसी के ज़हूर का,
है यह हवा प, आग नमूनाये नूर का।

खत्री पाठ इस प्रकार है–

और एक झरना बहुत शफ़्फ़ाफ़ था,
बर्फ के मानिन्द पानी साफ़ था,

आरंभ कहाँ है कैसे था वह मालूम नहीं हो;

पर उसकी बहार,
हीरे की हो धारा,
मोती का हो गर खेत,
कुंदन की हो वर्षा,

खत्री पाठ : 1. करुणामय परमेश्वर की वह पहाड़ी भी ज्योति प्रकाशक थी / अजीब, अनेत, अभाष्य अगर थी तो भी लखगुण गायक थी

और विद्युत की छटा तिरछी[1] पड़े उन पर[2] गर आकर,
तो भी वह विचित्र चित्र-सा माकूल न हो।

4

ठनके की ठनक से,
बिजली की चमक से,
वायु की लपक से,
फूलों की महक से,

वह वन[3] में दीख[4] पड़ता था अजायब[5] सा भयानक हुस्न

झरने की बड़बड़ाहट,
पत्तों की शनशनाहट,
कड़के की कड़कड़ाहट,
करती थी हड़हड़ाहट,

लड़ती थी आपस[6] में ईश्वर की कीर्तियाँ[7] सब।

था[8] जाला ज़रा न उस वन में
थी अँधेरी चमक वह कानन में,
थी जमीं मस्त काले जौवन में,
घोर रूपि निशा थी गुलशन में,[9]

नहीं सूर्यदेव उस धूप को कभी चमका सकते चमका सकते
दामिनी[10] दमके चपला चमके नहीं इंद्र उसे चमका सकते,

महिमा[11] ईश्वर की प्रगट इससे,
कहाँ पायेंगे हम कहाँ पायेंगे हम।

इसके पश्चात 'बिहार-बंधु' में ये पंक्तियाँ हैं–

क्यों कर हैं हम आये?
किसके हैं बुलाये?

बिहार-बंधु पाठ : 4. देख, 6. आपुसों, 7. कीर्तीयाँ, 8. थी, 9. श्याम सुंदर था सारे गुलशन में, 10. दामनी, 11. महीमा
खत्री पाठ : 1. तिर्छी, 2. पै, 3. बन, 4. अजाएब 6. आपुस, 8. थी, 10. दामिनि

दूर में भूला भुलाने[1] को भुला फिरता था
नफ़्स की तरह फँसाने को जला फिरता था।

जिंदगी में बहुत ऐसी ही चमकती हुई चीज़।
जीव[2] अनमोल को करती है हक़ीर ओ नाचीज़।

5

वह राक्षसी उजाला

बहके हुए मनुष्य को करती है जो तबाह

मैदान[3] पुर ख़तर में

वां भी चमक भुलावनी अपनी दिखाती थी।
जिंदगी में बहुत ऐसी ही चमकती हुई चीज़,
जीव अनमोल को करती है हक़ीर ओ[4] नाचीज़।

जुगनूं थे चमकते डालों पर,
जस मोती काले बालों पर,
जस चंदन बिंदु दीख पड़ें
श्यामा अबला के गालों पर।

भौतिक सी कृति[5]
आती थी नजर
व्यापार अचंभा
देखो तो बराबर[6]
अजायब! अपार!!

6

रात अँधेरी में पहाड़ी की डरावनी[7] मूर्ति
कैफियत एक मनोहर थी वह पैदा करती–

एक कैफियत मनोहर
देखें तो होवे शशदर
सुंदर भयंकर।

बिहार-बंधु पाठ : 1. भूलाने, 2. जेब, 3. मदान, 6. देखो तो शज़र में
खत्री पाठ : 3. मदान, 4. वो, 5. कीर्ति, 7. डरौनी

दरख्तों की हू हू, पवन की लपट,
निश मय प्रकृति वो कर्कश समय
घनघोर घुप्प[1] में दमक दामिनी की
स्वरूपीय भय के समागत थे सेना,
महादेव यह[2] राज्य स्वाधीन करते।

'बिहार-बंधु' पाठ–

रात अँधेरी में पहाड़ी की डरावनी[3] मूर्ति।
(और शजर जो थे बदन अपने को तौले तौले।
शाख जो इनके नज़र आते थे भोले भोले।[4]

तीक्ष्ण[5] वायु जो चली थी भले हौले हौले
और सब वस्तु जो थे बांके यह सोंले सोंले,)
कैफीयत एक मनोहर थी वह पैदा[6] करती–

एक कैफीयत मनोहर
देखें तो होवे शशदर
सुंदर भयंकर।)

7

पहाड़ी पर[7] पत्थर के चट्टां बड़े,
समय की सृष्टि से वां थे खड़े,

अजब एक सनत से खड़े थे वह सारे,
जरा सी[8] जमीं पर बहुत ही किनारे;

अगर लोग देखें तो होवे यकीं
कि गिर जाना उनका है मुश्किल[9] नहीं,

वो लेकिन अगर भीम भी आनकर,
हिलावें तो टसके न एक बाल भर,

अगर नीचे जाकर कभी इनको देखें
तो मालूम होवे कि सब यह खफ़ा[10] हैं।

बिहार-बंधु पाठ : 3. डरौनी, 4. भौले भौले, 5. तिक्षण, 6. पैंदा
खत्री पाठ : 1. घनाघोर घुप, 2. यम, 7. पै, 8. ज़रा सो, 9. मुशकिल, 10. ख्फ़े

भक्ति-रस उत्पन्न न हो जिस मन में वह मन ही नहीं,
कीच बराबर जीव वह है जो मन में विराजित यह धन ही नहीं।

'बिहार-बंधु' पाठ–

पत्थर, वहाँ पड़े थे बहुत से बड़े बड़े,
पेड़ों के डाल टूटे हुए और सड़े सड़े।

वह पत्थर के चट्टान
को नीचे से देखें
तो मालूम होये
खफ़ा हैं कोई सुल्तां।

8

एक कुंज,
बहुत[1] गुंज

पेड़ों से घिरा था
झरने के बगल में

बिजली की चमक भी न पहुँचती थी वहाँ तक

ऐसा वह घिरा था
जस दीप हो जल में

पानी की टपक राह भला पावे कहाँ तक।

9

सब्ज[2] का बना था शामियाना
और सब्ज ही[3] मखमली बिछौना

फूलों से बसा हुआ[4] वह था कुंज
था प्रीत मिलन के योग्य वह कुंज[5]

परपोश हवा[6] के रहने वाले
दिलकश[7] यह[8] समाज गाने वाले

बिहार-बंधु पाठ : 3. की, 5. बे लब के हिलाये मुँह से निकले हा! कुंज, 6. हबा
खत्री पाठ : 1. वह, 2. सब्जे, 4. हवा, 7. दिलकुश, 8. वह

रहते थे अमन से उस[1] चमन में
आदम को मिले न यह[2] अमन अदन में,–

आती थी उस जगह से स्वाधीनता की खुशबू;
स्वाधीन थे दरख़्त औ[3] स्वाधीन थी लताएँ[4]
स्वाधीन सुर थे चिड़ियों के, स्वाधीन थी गतैं
थी गरज वह[5] जगह फ़र्हत अफ़्ज़ा[6]।
ताजगी जी को बख़्शे वां की हवा।
साया पड़ा था लेकिन सब हुस्न पर वहाँ के
रजनी ने काली चादर सबको उढ़ाई थी।

10

पानी पड़ने लगा वह मूसलाधार[7]
मानों इन्द्र का[8] द्वार खुला[9] हो

बादल की गरज से जी दहलता
बिजली की चमक से आँखें झिपतीं

वायु की लपट से दिल था हिलता
आँधी से अधिक अंधारी[10] बढ़ती।

11

रोने की सी आवाज? आती है कहाँ? वह[11]
उंह[12] नहीं। हाँ, अब? अहा! वहाँ वह!

है तो कोई अबला की ध्वनि[13] और प्रीत के रस की है माती हुई

अबला का वहाँ,
भला क्यों हो गुमा?

न मनुष्य का वां था कहीं भी निशां
तो क्या स्वर्ग को फाड़ परी बरसी है?

बिहार-बंधु पाठ : 1. इस, 4. लतैं, 5. वहै, 6. अपज़ा, 7. मूसलधार, 9. खुली, 10. की सी अंधकारियाँ थी, 13. धूनी

खत्री पाठ : 2. जो 3. वो, 4. लतैं, 5. वहै, 7. मूसलधार, 8. की, 9. खुली, 11. रोने की आवाज आती है? कहाँ? वह, 12. उफ

उस कोलाहल में ध्वनि[1] उसकी
दबती दबती आती थी
दया, प्रेम, भक्ति और रस की[2]
ठुनक ठुनक[3] के बुलाती थी–
अरे नयनों के सितारे!

"मेरे प्यारे!
अरे आरे!"–

आवाज यही उस कुंज[4] से मधुर स्वर[5] में आती थी।

13

बिजली की चमक में
रौशन हुआ चेहरा[6]

देखा तो परी है
नाज़ों से भरी है

घुँघर वाले बाल
मखमल[7] के दो गाल

तवा[8] नाज़ुक प उसके कुछ था मलाल
बाल बिखरे थे वस्त्र का न खयाल

लावण्यता[9] गुलाबी
सूखी थी एक ज़री सी।[10]
सुंद॒[11] कोमलता उसकी

जस तीक्ष्ण हवा उसमें हो लगी–
मानों पद्म को तोड़ पहाड़ प लाये हों।[12]

14

मुख मलीन मृग लोचक शुष्क
शशि की कला में बहार नहीं थी;

बिहार-बंधु पाठ : 1. धुनी, 5. सुर, 8. तब, 9. लावण्यवती, 12. है
खत्री पाठ : 1. हित की, 3. ठुनुक, 4. एक निकट कुंज, 6. चिहरा, 7. मख्मल, 9. लाव रायता, 10. ज़रा सो, 11. सून्दर

लब दबे यौवन उभरे
रति को छटा रलार नहीं थी,

गरब[1], हवस, अफसोस, उम्मीद,
प्रेम-प्रकाश, भय चंचल चित्त
थे यह सब रूख प नुमायां उसके,

कभी यह कभी वह,
कभी वह कभी यह,

मुख चंद्र निहार हो यह विचार कि प्रेम करूँ दया दिखलाऊँ।

15

कभी मुँह गुस्से से होता लाल,
कभी सर को झुकाये वह करती मलाल,

कभी वरहम शौक से होता था,
कभी पेहम मोती पिरोती थी,

कभी आशा से थी ललचती वह,
कभी डर से फिर हिचकती वह,

गर्व[2] से नैन कड़ी करती थी
पर प्रीत की बानी[3] कहाँ छिपती थी?

अंत में आँसू[4] गिर ही पड़ते थे
शब्द यह खुद निकल ही पड़ते थे :

''अरे आरे
मेरे प्यारे''

शब्द कि सुन के कठोर भी रोये,
और शब्द कि चित में प्रीत बोएँ।[5]

खत्री पाठ : 1. गरभ, 2. गर्म, 3. वानी, 4. आंसू, 5. बोयें

16

दिल में उसके थी एक अजब हलचल
आत्म थी फड़कती औ बेकल

धीरता भी बनाती थी चंचल,
व्यग्रता आँख में थी लाती जल

प्रीत जब रोते रोते थक जाती,
बालों[1] को वह खसोट झुँझलाती,

तब[2] घृणा[3] से बदन[4] को वह लखती[5]
तब[6] जनूंसी वह दस्त को मलती[7]

आख़िरश होके सबसे वह मग़लूब[8]
खोल देती वह द्वार दिल को खूब :

"मेरे प्यारे
अरे आरे।"

17

मिलते थे जवाब दिल में उसके
नेचर की वह कुल लड़ाइयों के

बिजली जो कहीं चमकती आसमां में शायद
घबड़ाहट अधिक थी उससे उसकी जां में शायद[9]

दिल में थी अँधियारी सारी
रजनी की नहीं वैसी अंधियारी

अन्तर अंधड़ चलता था–
जी का कमल तक हिलता था
मुख चंद्र प' मेह थे छाए[10] हुए
पर ज्योति नहीं उसकी छिपती,
जस भेष[11] मलीन में बुद्धि तीक्ष्ण[12]

बिहार-बंधु पाठ : 3. घृना, 4. वदन, 5. मलती, 6. तव, 8, मरलूम, : 9. बिज्ली जो चमकती आसमां में। / अकबर थी उससे बे करारी जां में, 10. भेस

खत्री पाठ : 1. वालों, 2. तर्व, 3. घृना, 4. वदन, 6. तव, 7. सलती, 10. छाये, 12. तीक्षण

नहीं छिपती पै नहीं छिपती–
जस लाख बरस की[1] गुलामी से
स्वाधीन जमीन नहीं छिपती,
अस सोग के में से सुन्दरता
उस कामिनी की[2] थी नहीं छिपती

18

एक जानू उठाये एक गिराये
एक हाथ को गाल पर लगाये,

आते जो थे बाल उसके मुँह पर
सरकाती थी हाथ दूसरे से "अह" कर

आँखें– न खुली थीं और न थीं बंद
बे अक्ल हों देखें गर अक्लमंद।

एक सादी साड़ी
पर काली किनारी
पानी से तराबोर,

लहरी हुई इस नाज़ से लिपटी थी बदन में
लिपटी[3] न कभी जैसे खुशबू[4] भी पवन[5] में,
सीने का उसके वह ईश्वर दातव्य जमाल

छिपता नहीं इससे

फड़के था वह कैद से औ करता था कमाल

छिपने का वह किसके[6]?

स्वर्गीय सरलता थी उस प छाई उस वक्त।

19

सीने की धड़क से
थर्राता बदन
बालों की फड़क से

बिहार-बंधु पाठ : 3. लपेट
खत्री पाठ : 1. को, 2. को, 4. खुशबु, 5. पबन, 6. सें

उभरता[1] वह जोबन,
आँखों की मटक से
थी प्रीत नुमायां,
हाथों की झटक से
करती थी वह कुर्बां–

नार अलबेली–सी बैठी थी वह जंगल[2] की शोभा दिखाती हुई।[3]
औ[4] डराती हुई औ[5] लुभाती हुई और पेड़ों को ललचाती हुई।

पर हुस्न का जलवा
उस वन[6] में भला क्या?

अनेक है फूल कि जन्म लिये परती[7] में और कुम्हलाये वहीं है।
खिल खिलकर वह सुगंध सुंदर को धीरे–धीरे मिटाये वहीं है।
अनेक हैं मोती समुद्र के गर्भ में मर्म न जिनका जान पड़ेगा।[8]
निर्मल, नवीन,[9] गोल, सुडौल अनेक हैं, लेक पटाये वही हैं।

20

थी वह अबला अकेली उस वन[10] में
थी अकेली?

लाखों चिंता थीं जमा[11] उस मन में
वह छबीली

क़ाफ़िला[12] सोग रखती थी तन में
बढ़के जब प्रीत[13] सींच थी करती
चंचला हो बेचारी रो देती
मेरे नयनों के सितारे

"अरे प्यारे
मेरे आरे"

उस अधियारी में थी वह झलकती कि रखा हो जस एक श्वेत[14] खिलौना।
धर्म निराशा में ईश्वर आस[15] की थी अचरज ओ चमकती नमूना।

बिहार–बंधु पाठ : 1. उभराता, 3. गरज ऐसी ही नाज से बैठी थी वह जंगल की शोभा (दिखती हुई), 7. पर्ती, 8. गूढ़ता जिसकी न जान पड़ेगी, 11. संग, 12. क़ाफ़ीला, 13. पृत
खत्री पाठ : 2. जाल, 4–5. ओ, 6. बन, 7. पर्ती, 9. नविन, 10. बन, 12. क़ाफ़ला, 14. स्वेत, 15. आश

नहीं सत्य प्रीत कभी बड़बड़ाती
नहीं गूढ़[1] विद्या कभी फड़फड़ाती
अवश्य फूँक[2] ही चीज हड़हड़ाती
नहीं इसलिए वह बहुत बड़बड़ाती
प्रेम की भाषा आँखों में है
नहीं गठते हुए शब्दों में है
सैंकड़ों[3] मतलब[4] निकले थे
इन के शब्दों में अबला के
अरे नयनों के सितारे

''अरे आरे
मेरे प्यारे''

शब्द न सोचे न छाने हुए
औ[5] न तौले हुए औ[6] न ठाने हुए

21

घंटों रही बैठी इस तरह वह
ग़फलत में पड़ी हो जिस तरह वह

रह रह के वह सांस देर गह लेना
कह कर के यह जान फिर भी खोना
अरे नयनों के सितारे

''मेरे प्यारे
अरे आरे''

रोती थी कभी-कभी वह हँसती,
रोती थी हँसी-हँसी व इस[7]की,

चेहरे[8], प' कभी कमल था खिलता
अंतर में कभी था जी मिचलता,

बारिश[9] जो वह जोर[10] से थी पड़ती
काँटों की तरह था बूँद गिरती,

खत्री पाठ : , 1. गुढ़, 2. फंक, 3. सेकड़ों, 4. मत्लब, 5-6. ओ, 7. पइस, 8. चिहरे, 9. वारिश, 10. जार

जल से तन में ठंढ़क पहुँची,
पर आंतरिक अग्नि उड़ धधकी[1]।

पानी से धुल[2] गया वह चेहरे[3] का गुलाब
और आँसू[4] से भी

पर सुर्खी नहीं गई कि थी सुर्खीए शबाब[5]
क्यों कर कि वह मिटती?

खिलखिलाती थी बिजली हँसने पर
वायु[6] चलती थी ''आह'' करने पर

स्वर्ग के मेंह प्रेम थे करते
मानसिक[7] मेंह मुँह पर ज्यों आते

वस्त्र पानी में होके बिल्कुल तर
सट गया धीरे-धीरे कुल तन पर

भींगा जोबन ओ कुछ निराला-सा
एक अजब ढब से देखने[8] में आता,

जब मींचकर[9] वह खोलती आँखें
शून्यमय देख मूँदती आँखें।

अंधकार[10] से आँखें झिपती थी,
खोलने से नहीं वह खुलती थी।

मेंह, बिजली[11], हवा व अंधियारी,
बारिश[12] और वां की कीर्तियाँ[13] सारी

थी समझती उसे तमाशा सी
देख पड़ती थी गो वह अबला सी।

बस[14] तमाशा ही थी समझती उसे
भक्ति अबला की थीं न करती उसे।

बिहार-बंधु पाठ : 7. मान्शिक, 9. मचकर
खत्री पाठ : 1. भड़की, 2. धुआ, 3. चिहरे, 4. आंसू, 5. शवाब, 6. वायू, 7. मान्सिक, 8. देख, 9. मचकर, 10. अंधकारी, 11. विज्ली, 12. वारिश, 13. कतियां, 14. वस

थी वह बे उनसों[1] में वहाँ ऐसे[2]
प्रीत पत्थर हृदय में हो जैसे[3]।

देर तक बस यही समां ही रहा,
पर न उसकी जबां से कुछ निकला।

न वह बाप न माँ,
न राजभवन न सहेलिन गण,
न प्यारी सखियाँ कोई,
दिल धारन के बुझावन हारे,
जी थक जाय न थे पर कोई।

थी तो अबला कहाँ तलक रोके?
ताकने[4] वह लगी कभी जो रो रो[5]के।

खाब गफ़लत की नींद टूट गई।
धीरे-धीरे वह खुद को कहने लगी :

22

"क्या है यह अहा हिंद की जमीन?
होगी तो जरूर यह स्वाधीन,

चंद्रलोक से आई हूँ मैं जहाँ अधीनता[6] की है बड़ी ही बड़ाई

राजा तो यहाँ यहीं के होंगे,
वां तो हैं विदेशी[7] राज करते

सब कार्य[8] विदेशी[9] ही करते वां औ विदेशियों[10] की है बड़ी प्रघटाई।

संतोष वहाँ भी है आशा देता[11]
सीखो तो करोगे राज तुम भी,

सीखें जरूर सिखावें जो कोई पर द्रव्य कहाँ कि जो देवें सिखाई।

वह लोग तो हैं नहीं सिखाने को[12]
कहते हैं करोगे तुम यह मेहनत[13] काहे

बिहार-बंधु पाठ : 1. बेउनसी, 2. ऐसी, 3. जैसी, 4. ताकन, 7. बिदेसी, 8. कार्य, 9. बिदेशि, 10. बिदेशियों, 11. देती, 12. के, 13. मिहनत

खत्री पाठ : 5. रों, 6. धीनता, 7. बिदेसी, 8. कार्य्य, 9. विदेशि, 11. देती, 12. के, 13. निहनत

कुछ और जो बोले तो कूढ़ पड़े और कहने लगे कि है कैसी ढिठाई।

अच्छा है यही, हमेशा सिर का झुकाना
बे काम का काम मोल लेना,–

होंगे फँसे यह जंजाल में यां सब, स्वाधीनता में है कौन मिठाई?

रूपये तो यहाँ के यां ही रहते होंगे?
और यां के भले में सर्फ़ रहते होंगे?

वां तो जमा भी नहीं होते, कि कर लेते वह अगोड़ बटाई

हम लोग हमेशा चुप ही रहते हैं वहाँ,
और शाज जो पूछा रूपये सब यह जाते हैं कहाँ?

तो कहते हैं वह कसमें खा खा कि हैं करते हम इस से[1] तुम्हारी भलाई।

23

यां तो बे वजह लड़ाई नहीं होती होगी?
हाथापाई तो हवा पर नहीं होती होगी?

रैयत[2] आनंद में, हमसाए अमन में होंगे,
वां तो कहते हैं कि मंगल के बड़े जुल्म होंगे,

ऐसे अनेक कारण बतला वह मचाते हैं बस घनघोर[3] लड़ाई

राजभक्ति तो यहाँ खूब ही होती होगी?
राजभक्त वां भी हैं पर उन पर[4] है तुहमत यह पड़ी–

अतिभक्ति है चोरों का लक्षण, गूढ़ता काली है भक्ति में समाई

समाचार पत्र यां के होंगे स्वाधीन?
जबां उनकी काहे गई होगी छीन?

देशी समाचार पत्र है वां भी पर बंद है उनकी[5] स्वाधीनत छपाई।

रैयत[6] तो यहाँ रखती होगी अपना हथियार
हम लोगों के पास वां नही है एक तलवार

बिहार-बंधु पाठ : 1. इस्से, 6. रऐयत
खत्री पाठ : 1. इस्से, 2. रऐयत, 3. घोर, 4. उनपै, 5. इनकी, 6. रऐयत

है हम लोगों को उनकी यह भक्ति, कि दे के सब अस्त्र स्वाधीनता ही गंवाई[1]

आशा है बहुत वह हम को देते
आशाओं प हमसे काम लेते

वादा जो खिलाफ हो कहें वह
"आया है नहीं अभी समय वह,

धीर धरो फल पाओगे तुम, क्या है अभी उम्र तुम्हारी गंवाई"

24

"सच है यह पर[2] ऐ मैं बकती क्या हूँ?–
यह कहके वह कामिनी हुई फिर बेचैन[3]

ताकने लगी डर से फिर वह वृक्षों[4] को,
हटने लगी फिर समझ मनुष्य इन को,

थर्राती थी भय से वह न जाने क्यों?–
डरते हैं सम्मुख[5] में दुष्ट मुंसिफ़[6] के ज्यों

डरती थी वह पेड़ों की भी हू हू से,
लड़ती थी न जाने वह हवा में किससे,

झूड़ों में कभी थी जाके छिपती,
पेड़ों में कभी थी जाके अड़ती,

लेती कभी पत्थरों को वह उठाकर,
फेंकती[7] थी हवा में फिर घुमाकर,

गिरते जो थे[8] जाके यह जमीं पर
आवाज जो होती थी कहीं पर

"कैसी[9] लगी? बस वहीं, वहीं तक,
बढ़ना नहीं वरना[10] फोड़ूं सर तक"

चेहरे[11] से[12] थी लापरवाही एक नुमाया[13]
'लोगे तो बला से लोगे तुम मेरी जाँ।

बिहार-बंधु पाठ : 5. समुख, 6. मुनसिफ़
खत्री पाठ : 1. गवाई, 2. प' 3. बेचूँ, 4. बृक्षों, 6. मुन्सिफ़, 7. फेंके, 8. गिरती जो थी, 9. कैसा, 10. वर्ना, 11. चिहरे, 12. मे, 13. नुमायां

प्यारे से ही हुई हूँ जब जुदा मैं[1]
फिटकार यह जान, तुफ़[2] यह ज़िदगी,

जाती तो कभी नहीं मैं जाने की हूँ,
बेहतर[3] हो कि कारावास[4] मरकर, जाऊँ,

तो लोग भी चंद्रलोक के यह देखें
अब तक वहाँ इस तरह की औरतें हैं–

फिर रो के लगी पुकारने वह[5]
''इमदाद को मेरी आब लोगी।''–

''अरे प्यारे
मेरे आरे''

''यह कहकर जमीं पर वह ग़श कर गई।
कहे तू कि जीते ही जी मर गई''

25

देर तक वह पड़ी रही यों ही
हिलने की शक्ति तक उसे थी नहीं,

सांस चलती थी जान थी लेकिन,
था अस्थिर उसका तन।

थी पड़ी बेचारी पत्थर पर
सोती थी जो कि फूल सैय्या[6] पर

पत्थर ही वां था जिसका तकिया बना,
प्रीत के गोद का यह रखा[7] हुआ;

सर पड़ा था वह सर्द पत्थर पर,
थी पड़ी धरती[8] के गले लग कर।

आगोश में सर्द वह पड़ी थी
जो हार गले की थी किसी की[9]।

बिहार-बंधु पाठ : 2. तुःफ़

खत्री पाठ : 1. में, 2. ताफ़, 3. बिहतर, 4. काराबास, 5. बह, 6. से ज्या, 7. रक्खा, 8. धर्ती, 9. को

जाये थी वहाँ वह सारी जोबन,
जोबन कि किसी की होगी जीवन।

वह बाल जो थे समान काले,
वां थे न कोई डसाने वाले।

पत्थर वो पहाड़ वो दरख्त थे[1]
दिल में न किसी के प्रीत कुछ थी।

मूर्छा नहीं जाती
जीवन उसका[2] देखकर।

दया नहीं आती?
अवस्था उनकी नज़र कर।

26

जिंदा मुर्दा की तरह पड़ी थी
मुर्दा जिंदा की शकल बनी थी।

''कारावास'' और ''चंद्रलोक'' और वां के सारे लोग बेचारे।

''अरे आरे
मेरे प्यारे''

यह सब शब्द उस कामिनी के मूर्छित लब से निकलते थे।

कहकर वह कभी
''अरे आरे
मेरे प्यारे!''

निद्रा ही में हँसती।
इन शब्दों के सोच[3] से
मिलती थी खुशी
होश नहीं गो क़रार थी
आती थी हँसी।

तसवीर सी थी पड़ी वहाँ वह,
साँसों की भरी पड़ी थी वां वह,

खत्री पाठ : 1. थी, 2. उसकी हाय! ओफ़! अह! छी!, 3. सोंच

पानी जा पड़ा जो होश आया।
मूर्छा गई टूट जोश आया।

पर एक तरह की अजब घबड़ाहट थी।
जैसे स्वप्न भयानक देखा हो,

जैसे स्वप्न का चित्र अभी जागी जबीं से मिट[1] न गया हो।

सोते हुए वह होश
आखिर हुए जमा सब

पहिले की भूली बातें
आने लगीं याद सब सब।

27

''अवश्य नयन स्वप्न ही में थी टेढ़ी''
वह कामिनी[2] धीरे[3] से[4] कहने लगी

''बेशक यह तो है हिन्द की धरती।
अत्याचार की यां है नहीं बढ़ती।

सुध में वक्तृता यां पकड़ाती नहीं किसी को।
डर है नहीं किसी का जी चाहे जो सो बोले।

तोबाह कहाँ हैं[5] राजा के सिपाही?
आते थे मुझे पकड़ने को कहाँ जी?

जाती थी कारावास[6] क्यों कर?
मरती थी कहा मैं किससे लड़कर?

चंद्रलोक ही हूँ मैं निकाली
है अत्याचार जहाँ भारी।

यह कहकर लेक ख्याल आया[7] जो दिल में,
भींगे थे उसके[8] नयन वां जल में।

रोलाई में बाल को शर्माती थी वह।
उदास[9] सदा से बुलाने[10] लगी वह :

खत्री पाठ : 1. मिटा, 2. कामिनि, 3. धीर, 4. सें, 5. रही, 6. काराबास, 7. आई, 8. उसकी, 9. उदासी, 10. बोलाने

“अरे आरे
मेरे प्यारे!”

28

दरख्तों को फिर वह सुनाने लगी
बहुत रो के यह अपनी जीवन-कहानी।

“चंद्रलोक है देस मेरा वो, एक अमीर की कन्या हूँ कुमारी

कुमारी नहीं कुमारी, हाँ कुँमारी ही हूँ मैं”।
सांस एक लेके “ओह क्या कहूँ मैं,

समझो तुम्हें जो बूझ पड़े, पर मैं एक विधवा हूँ कुमारी।

माता नहीं हमें हैं
जीते मेरे पिता हैं।

जो[1] आँख खुली मेरी उस भूमि में त्यों[2] ही वह बेचारी जहान से सिधरी।

एक दूसरी माता शीघ्र आई,
पर मेरे लिये न प्रीत लाई

सच है मैं प्रीत के योग नहीं, आशा इसकी है यह भूल हमारी।

यां तो लड़की कभी ऐसी नहीं होती होंगी?
प्रीत के योग बेमाता के यह होती होंगी।

सोलह वर्ष तक यों ही रही और प्रीत के बिन रहा[3] जीवन अंधियारा[4]

एक दिन शुभ अशुभ मुहूर्त में बैठी मैं थी,
कोठे प झुकाए सिर को झांकती[5] मैं थी,

दैवात्[6] उधर से एक युवा आ निकला
और देख दया से चाहने मुझको लगा

29

उस दिन से हुई गले की उसकी मैं हार,
और खूब ही मैं भी उसको करती थी प्यार।

खत्री पाठ : 1. जौं, 2. तौ, 3. रही, 4. अंधिआरी, 5. झंकती, 6. दैबात

मिलती थी मैं रोज उससे जा एक वन[1] में,
फिरती थी मैं साथ उसके उस कानन में।

थे बीतते दिन इसी तरह से,
वह प्यार के दिन, अहा! इस तरह से।

दुनियाँ से हमें नहीं था कुछ सरोकार,
हम उसके हमारा था संसार।

बेलों के वह झूंड़ों में देख[2] के छिपना,
मुख चुंबन के बाद फिर वन[3] से निकलना,

नयनों की चमक को देख उसकी जीती मैं थी,
आगोश में उसके जाके फिर भी जीती मैं थी।

वह था हमसे खुश,
हम थे उससे प्रसन्न,
दिन थे मेरे खुश,
मन थे मेरे प्रसन्न।

बड़े बहार के दिन थे वह, हाय बीत गये।
वह दिन कि शौक से कटते थे, हाय बीत गये।

मेरे प्यारे कहाँ?
वह सिधारे कहाँ?
वह दिन हैं कहाँ?
वह वन[4] है कहाँ?

प्रतिध्वनि ने जवाब दिया "कहाँ"?

30

रोने लगी कहके यह वह अबला।
हिलने लगा गुप्त तार दिल का।

याद आये जो प्रीत के वह दिन थे,
चिल्लाती थी कहके "अरे प्यारे"

खत्री पाठ : 1. बन, 2. देखा 3-4. बन

उस वन[1] में ख्याल उस का[2] भरते
फिरती थी जहाँ कभी खुशी से।

उस यार के साथ जो था छूटा,
था नाता प्रीत का यह जिससे टूटा।

एक बोझ बहुत गिरां था[3] जी पर ज्यों
पत्थर हो चपां कपास पर ज्यों।

जब ढेर सी[4] चिंता से कहती थी कुछ तब होती थी हल्की बोझावट भारी।

31

फिर कहने लगी सुनो दरख्तो!
रोओ यदि रो सको दरख्तो!

यां की दरख्त रोऐंगे[5] काहे को? अबला की यहाँ नहीं ऐसी खराबी
पुष्प वृष्टि[6] है यहाँ और प्रीत की राह चिकनी है सारी।

हम लोगों का[7] प्रीत स्वप्न[8] एक था[9]
नींद अथवा भूल या हिमाकत[10] एक थी।

थी कैसे मज़े की हाय वह नींद।
टूटी प बहुत ही जला टूटी वह नींद।

एक रोज पिता ने हमको देखा,
उस प्यार के साथ वन[11] में तनहा

भूलूंगी नहीं उस दृष्टि को हर्गिज छाई जिससे जीवन पर अंधियारी।

प्यारा मेरा जिस घड़ी हुआ मुझसे जुदा
समझा कि कुमारी ही हुई मैं विधवा[12]

कहते हुए बाप ने मुझे पकड़ा
"तू बेह्या है घर को जा अभी जा।"

और दाँतों प दाँत मसमसा के बोले
"कुछ तू भी ज़हेज़ में अबे ले।"

खत्री पाठ : 1. बन, 2. की, 3. गिरां थी, 4. से, 5. रोयगी, 6. बृष्टि, 7. की 8. स्वप्न, 9. थी, 10. हेमाक़त, 11. बन, 12. विधबा

कह कर यह लगाई ऐसी चपत
धड़ वह गिरा हो[1] बेहोश चम्पत।

मैं भी हुई शान से मूर्छावत।
लाए मुझे वह उठा मकां पर।
छोड़े उसे मुर्दा सा वहाँ पर।

जब होश हुआ माता ने कहा अब होगी एक अस्सी बरस वाले की प्यारी।

32

दिन[2] तीन चारपाई पड़ी।
फिर बहुत दिन जनूं सो रही।

शक्ति चिन्तना की भी न थी बाकी।
याद पहिले की वारिदात[3] न थी

खाब गफलत में चैन से सोती
लोग कहते कभी पुकार उठती
(पर मुझे याद है नहीं कुछ भी)

''अरे प्यारे
मेरे आरे''

इसके परे जब होश हुआ तो दिमाग में थी गोरखधंधा री[4]।
सोई थी जब तब थी मैं कुमारी और उठी तो हो गई शादी हमारी।

हाय शादी हुई थी
बेहोश मैं जब थी

मैं सोलह बरस की
वह अस्सी बरस के

देख इनको मैं रोती
देख हमको वह हँसते

क्या करो मुझे प्यार करो माता ने बनाया है तुमको हमारी
मैं हूँ अमीर मर जाऊँगा जब तब दौलत होगी सारी तुम्हारी,

खत्री पाठ : 1. गिर सो, 2. दिनों, 3. वार्दात, 4. गोरख धंधारी

मर ही गये वह बेचारे[1] उसी दिन हो गई मैं विधवा पर कुमारी।
माता मेरी संतुष्ट हुई और घर लाई वह दौलत सारी

बाद इसके वह जिंदगी मेरी
ग़मगीर दिल प' एक पहाड़ हुई

पास मेरे नहीं थी मौत आती
वह बेचारी थी हम से शर्माती

एक बरस ग़म का यों ही बीत गया
पर नहीं दिल हुआ जरा हल्का

एक दिन बैठे-बैठे[2] यह ख्याल आया
ख्याल क्या आया एक ज़वाल आया

कि योगिन बन के विभूत[3] रमा और कह के मैं "हा"! पितृगृह[4] से सिधारी

वां से निकली तो फिर गई वन[5]
वही वन[6] जो कि फिरता था मन मन

घूमने मैं लगी इधर वो उधर
कि एकाएक पड़ी नजर किस पर?

ज्यों ही बिछुड़ी सी थी, मिली जाके
नोच डाला पिता ने फिर आ के

ज़ोर से और घुमा के दे चक्कर
शून्य में फेंका यां गिरी आकर।

"हाय वह देश चंद्रलोक मेरा!
हाय प्यारा मेरा कहाँ है पड़ा।

हाय जब वां से मैं निकाली गई!
हाय तब बिजली मुझ प' क्यों न गिरी?"

ज्यों यह कलाम निकला था कि शन से
बिजली त्यों ही गिरी प' हम चौंक उठे

खत्री पाठ : 1. बिचारे, 2. बैठ, 3. बिभूत, 4. पितृगृहि, 5-6. बन

कहानी मेरा, प्यारे पढ़ने वाले
सब स्वप्न ही था जो देखते थे।

•

* 'खड़ी बोली का पद्य' एवं 'बिहार-बंधु'– दोनों पाठों को सामने रखकर उचित एवं तार्किक लगने वाले क्रम से इसका प्रस्तुतीकरण किया गया है। इस तरह 'स्वप्न' का यह पाठ अपने मूल ('बिहार-बंधु' में प्रकाशित) से नज़दीक है और लोकप्रिय पाठ ('खड़ी बोली का पद्य' में संकलित) की विशिष्टताओं को समेटे हुए है।
* वर्तनी, लिंग, कारक और शब्द-संशोधन के कुछ अत्यंत सीमित प्रयोग मैंने किए हैं; जैसे आज की मानक वर्तनी का प्रयोग, चंद्र बिंदु का प्रयोग आदि। इसमें यह ध्यान रखा गया है कि कविता के मूल स्वभाव में परिवर्तन न हो।

संदर्भ स्रोत

1. 'खड़ी बोली का पद्य' पाठ– 'अयोध्या प्रसाद खत्री स्मारक ग्रंथ' से
2. 'बिहार-बंधु' पाठ– डॉ. रामनिरंजन परिमलेंदु की पुस्तक 'भारतेंदु काल के भूले-बिसरे कवि और उनका काव्य' से

संदर्भ ग्रंथ-सूची

प्राथमिक स्रोत

1. उमाशंकर, कलम-शिल्पी, निर्माण प्रकाशन, कदमकुआँ, पटन-3, प्रथम संस्करण, 1961
2. उमाशंकर, महेश नारायण : व्यक्तित्व और कृतित्व, महेश नारायण शोध संस्थान, दुमका, संथाल परगना, प्रथम संस्करण, 1965
3. परिमलेंदु, डॉ. रामनिरंजन, भारतेंदु काल के भूले-बिसरे कवि और उनका काव्य, नागरी प्रचारिणी सभा, वाराणसी, प्रथम संस्करण, विक्रम संवत, 2059
4. सहाय, शिवपूजन और शर्मा, नलिन विलोचन, अयोध्या प्रसाद खत्री स्मारक ग्रंथ, बिहार राष्ट्रभाषा परिषद, पटना, प्रथम संस्करण, 1960

द्वितीयक स्रोत

1. अग्रवाल, केदारनाथ, फूल नहीं रंग बोलते हैं, परिमल प्रकाशन, इलाहाबाद, प्रथम संस्करण, 1977
2. अज्ञेय, सच्चिदानंद हीरानंद वात्स्यायन, आधुनिक हिंदी साहित्य, राजपाल प्रकाशन, नई दिल्ली, प्रथम संस्करण, 1976
3. कुमार, कृष्ण (सं.), रघुवीर सहाय संचयिता, राजकमल प्रकाशन, नई दिल्ली, प्रथम संस्करण, 2003
4. गुप्त, किशोरीलाल, भारतेंदु और अन्य सहयोगी कवि, हिंदी प्रचारक पुस्तकालय, बनारस, N.A.
5. चंद्र, बिपन, भारत का स्वतंत्रता संघर्ष, हिंदी माध्यम कार्यान्वयन निदेशालय, दिल्ली विश्वविद्यालय, नई दिल्ली, प्रथम संस्करण, 1990
6. चौहान, शिवदान सिंह, हिंदी साहित्य के अस्सी वर्ष, राजकमल प्रकाशन, नई दिल्ली, प्रथम संस्करण, 1954
7. जाफ़री, अली सरदार, दीवान-ए-मीर, राजकमल प्रकाशन, नई दिल्ली, प्रथम संस्करण, 1988

8. जाफ़री, अली सरदार, दीवान-ए-ग़ालिब, राजकमल प्रकाशन, नई दिल्ली, प्रथम संस्करण, 1988
9. जायसवाल, सुवीरा, वैष्णव धर्म का उद्भव और विकास, ग्रंथ शिल्पी, नई दिल्ली, प्रथम संस्करण, 1996
10. जैन, ज्ञानचंद्र, भारतेंदु हरिश्चंद्र : एक व्यक्तित्व चित्र, विश्वविद्यालय प्रकाशन, वाराणसी, प्रथम संस्करण, 2004
11. टंडन, प्रताप नारायण, हिंदी साहित्य का प्रवृत्तिगत इतिहास, खंड-1, पद्य भाग, विवेक प्रकाशन, लखनऊ, प्रथम संस्करण, 1968
12. तलवार, वीरभारत, रस्साकशी, सारांश प्रकाशन, नई दिल्ली, प्रथम संस्करण, 2003
13. तिवारी, नित्यानंद, आधुनिक साहित्य और इतिहास-बोध, वाणी प्रकाशन, नई दिल्ली, संस्करण, 1994
14. तिवारी, हंस कुमार (प्र. सं.), हिंदी साहित्य और बिहार, भाग-3, बिहार राष्ट्रभाषा परिषद, पटना, प्रथम संस्करण, 1976
15. द्विवेदी, मुकुन्द (सं.), हजारीप्रसाद द्विवेदी ग्रंथावली, खंड-9, राजकमल प्रकाशन, नई दिल्ली, प्रथम संस्करण, 1981
16. नवल, नंदकिशोर, निराला रचनावली, खंड-5, राजकमल प्रकाशन, नई दिल्ली, प्रथम संस्करण, 1983
17. पचौरी, सुधीश, विभक्ति और विखंडन, अनंग प्रकाशन, नई दिल्ली, प्रथम संस्करण, 2002
18. परिमलेंदु, डॉ. रामनिरंजन, अयोध्या प्रसाद खत्री, साहित्य अकादमी, नई दिल्ली, प्रथम संस्करण, 2003
19. परिमलेंदु, डॉ. रामनिरंजन, भारतेंदु काल का अल्पज्ञात हिंदी गद्य साहित्य, हिंदी साहित्य सम्मेलन, प्रयाग, प्रथम संस्करण, 2004
20. प्रेमचंद, साहित्य का उद्देश्य, हंस प्रकाशन, इलाहाबाद, नवीन संस्करण, 2001
21. पाठक, डॉ. पद्मधर (सं.), श्रीधर पाठक ग्रंथावली, भाग-2, राजस्थानी ग्रंथागार, जोधपुर, राजस्थान, प्रथम संस्करण, 1996
22. पाण्डेय, मैनेजर, आलोचना की सामाजिकता, वाणी प्रकाशन, नई दिल्ली, प्रथम संस्करण, 2005
23. पाण्डेय, मैनेजर, साहित्य और इतिहास-दृष्टि, वाणी प्रकाशन, नई दिल्ली, संस्करण, 2000
24. पाण्डेय, मैनेजर, साहित्य के समाजशास्त्र की भूमिका, हरियाणा साहित्य अकादमी, चण्डीगढ़, 1989
25. मदान, इन्द्रनाथ, आधुनिकता और हिंदी साहित्य, हिंदी विभाग, कलकत्ता

विश्वविद्यालय, कलकत्ता, प्रथम संस्करण, विक्रम संवत, 2029
26. महाकालेश्वर (सं.), महेश नारायण कृत : स्वप्न, अरण्यानी प्रकाशन, राँची, प्रथम संस्करण, 1984
27. मिश्र, प्रताप नारायण, मन की लहर, भारतजीवन यंत्रालय, द्वितीय संस्करण, 1888
28. मिश्र, शितिकंठ, खड़ी बोली का आंदोलन, नागरी प्रचारिणी सभा, वाराणसी, प्रथम संस्करण, विक्रम संवत, 2013
29. मुहम्मद, नज़ीर, नज़ीर ग्रंथावली, उत्तर प्रदेश हिंदी संस्थान, लखनऊ, प्रथम संस्करण, 1992
30. मैथिलीशरण गुप्त : एक मूल्यांकन (संकलन), पीपुल्स पब्लिशिंग हाउस, नई दिल्ली, प्रथम संस्करण, 1988
31. राय, अमृत, आधुनिक भावबोध की संज्ञा, हंस प्रकाशन, इलाहाबाद, प्रथम संस्करण, 1972
32. वाजपेयी, नंददुलारे, आधुनिक साहित्य, भारती भंडार, इलाहाबाद, प्रथम संस्करण, 1950
33. वार्ष्णेय, लक्ष्मीसागर, आधुनिक हिंदी साहित्य (1850-1900), हिंदी परिषद, इलाहाबाद विश्वविद्यालय, इलाहाबाद, तृतीय संस्करण 1954
34. शर्मा, कामेश्वर, हिंदी साहित्य को बिहार की देन, प्रथम खंड– आदिकाल से रीतिकाल तक, सुहृद संघ, मुजफ्फरपुर, प्रथम संस्करण, विक्रम संवत, 2012
35. शर्मा, रामविलास, भारतेंदु युग और हिंदी भाषा की विकास परंपरा, राजकमल प्रकाशन, नई दिल्ली, प्रथम संस्करण, 1975
36. शर्मा, रामविलास, महावीर प्रसाद द्विवेदी और हिंदी नवजागरण, राजकमल प्रकाशन, नई दिल्ली, द्वितीय संस्करण, 1977
37. शर्मा, हेमंत (सं.), भारतेंदु समग्र, प्रचारक ग्रंथावली परियोजना, हिंदी प्रचारक संस्थान, बनारस, प्रथम संस्करण, 1987
38. शिशिर कर्मेन्दु (सं.), भारतेंदु मंडल के प्रमुख रचनाकार राधाचरण गोस्वामी की चुनी हुई रचनाएँ, परिमल प्रकाशन, इलाहाबाद, संस्करण, 1990
39. शुक्ल, आर.एल. (सं.), आधुनिक भारत का इतिहास, हिंदी माध्यम कार्यान्वय निदेशालय, दिल्ली विश्वविद्यालय, द्वितीय संस्करण, 1998
40. शुक्ल, प्रेमनारायण (सं.), सभापतियों के भाषण, भाग-3, हिंदी साहित्य सम्मेलन, प्रयाग, प्रथम संस्करण, 1987
41. शुक्ल, रामचंद्र, चिंतामणि, भाग-1, इंडियन प्रेस पब्लिकेशन प्रा. लि., इलाहाबाद, संस्करण, 1971

42. शुक्ल, रामचंद्र, चिंतामणि, भाग-2 (सं. विश्वनाथ प्रसाद मिश्र), सरस्वती मंदिर, वाराणसी, विक्रम संवत, 2019
43. शुक्ल, रामचंद्र, हिंदी साहित्य का इतिहास, नागरी प्रचारिणी सभा, वाराणसी, संस्करण, विक्रम संवत, 2056
44. सिंह, बच्चन, हिंदी साहित्य का दूसरा इतिहास, राधाकृष्ण प्रकाशन, नई दिल्ली, प्रथम संस्करण, 1996
45. सिंह, मुरली मनोहर प्रसाद, आधुनिक साहित्य, स्वराज प्रकाशन, दिल्ली, प्रथम संस्करण, 2000
46. सिंह, रामदीन (सं.), हिंदी साहित्य (प्रथम भाग), खड्गविलास प्रेस, बांकीपुर, पटना, 1899
47. हरदयाल, डॉ., आधुनिकता बोध और विद्रोह, राजेश प्रकाशन, कृष्ण नगर, दिल्ली, प्रथम संस्करण, 1979
48. Sinha, Dr. Sachchidanand, Some Eminent Bihar Contemporaries, Himalaya Publication, Patna, First Edition, 1944

पत्र-पत्रिकाएँ

1. सारसुधानिधि, साप्ताहिक, कलकत्ता, 13 जनवरी, 1879; 20 जनवरी, 1879.
2. हिंदी प्रदीप, मासिक पत्र, इलाहाबाद, अगस्त, 1879; अगस्त, 1883; अक्टूबर, 1883; अक्टूबर-नवंबर-दिसंबर, 1887
3. भारतेंदु, मासिक, वाराणसी, अक्टूबर, 1883; सितंबर-अक्टूबर-नवंबर, 1884
4. भारतजीवन, साप्ताहिक, वाराणसी, 26 मई, 1884
5. ब्राह्मण, मासिक, कानपुर, 15 जून, 1884
6. सरस्वती, मासिक, इलाहाबाद, जनवरी, 1901; फरवरी-मार्च, 1903
7. नागरी प्रचारिणी पत्रिका, त्रैमासिक, वाराणसी, मार्च, 1901
8. कल्पना, हैदराबाद, अप्रैल, 1974
9. जनसत्ता, दैनिक, 5 अगस्त, 1990, नई दिल्ली
10. आजकल, प्रकाशन विभाग, नई दिल्ली, अक्टूबर, 1998
11. समकालीन भारतीय साहित्य, साहित्य अकादमी, नई दिल्ली, मई-जून, 1999; जुलाई-अगस्त, 1999; नवंबर-दिसंबर, 2001
12. समकालीन सृजन, अंक-21, कलकत्ता, 2002
13. तद्भव, अंक-9, लखनऊ, अप्रैल, 2003

❂❂❂